臺北地方異聞工作室 著

# 妖怪專家

澎湖怪談妖獸多?!

## 跳島採集旅行

澎湖怪談妖獸多！？

# 妖怪專家跳島採集旅行　目錄

**地圖** 6

**前言——跳島民俗傳說之旅的誕生**　文・臺北地方異聞工作室 8

## 第一站——七美嶼 17

**七美人塚——海盜時代遺留的淒美痕跡**　文・瀟湘神 25

就像「魂花」不容攀折，寄宿於香花之間的亡魂，正斥責那些覺得可以對女性為所欲為的男性。

**神鷹寶塔——塔頂老鷹之謎**　文・瀟湘神 36

展覽介紹了一種石塔，說能辟邪。當時我就覺得很特別，劍獅、石敢當等，我可以想像為何有辟邪之用，但石塔呢？為何這種構造能辟邪？

**石塔巡禮——集水與風水兼具的奇特造景**　文・清翔 44

澎湖共計有四十九座石塔，七美便占了其中十座；七美鄉的六個村，便有五村建石塔，並大多有定期祭拜。

**忠義洞——海盜、寶藏與狗的跳島之謎**　文・清翔 53

是因為那個洞很隱密，以致我們就像那每每撲空的海盜那樣，沒有狗吠聲的指引，就難以找到洞的位置？或者像有些人說的，忠義洞的位置其實不在這裡，還是說——這個故事根本就不是發生在七美嶼？

**望夫石——如果無須再望夫**　文・瀟湘神 61

如果生計艱難，哪還有心思和時間去丈夫離去的地方等待？這顯示望夫石的傳說不僅是夫妻間的事，隨著「化為石」一起凝固、凍結的，是整個家庭的無能為力。

## 第二站——西嶼&白沙嶼

69

**張百萬故居——全澎首富的奇聞軼事** 文·高珮芸 77

張百萬家因故惹上風水師，被風水師報復使計，敗壞原本家裡的風水地理，導致家運大幅衰落，百年後，張百萬之名就只留在傳說中了。

**西臺古堡——莫打擾安息的戰場英靈** 文·林祉均 84

西臺古堡中有一個鬼門，在農曆七月半鬼門會打開，放出許多鬼怪，八字輕的人如果去西臺古堡的鬼門處，能看見鬼怪現身。

**內垵村——女巫下咒與「查某佛」** 文·林祉均 92

對人下咒在過去的年代不是祕密，巫術盛行的時期，其他村落的人不敢踏進內垵村，怕一不小心就被下了咒法身體不適……

**橫礁村——虎頭山虎精傳說** 文·高珮芸 98

往山丘的小路蜿蜒，但尚未到山頂，這條路已幾乎要到盡頭，想著該掉頭返回時，我們注意到在路邊的水泥台上，一個形似紅磚砌成的井中，插著幾根綁紅布的竹管……

**白馬崎與濟安宮——守護鄉里的白馬郎君** 文·林祉均 104

白馬奮力上岸後，只看見主人的鞋子，沒找到主人的白馬，轉向汪洋走去，試圖救起溺水的主人，但最後白馬仍葬身海中隨主人而去。

**風坑豬母精——殞命女子的化身** 文·青悠 111

用來貶低女性的「母豬」一詞，一直含有性羞辱的意思。西嶼豬母精故事中的公媳矛盾，即使不往最醜惡的方向解讀，也是冒犯身體界線而產生的衝突。

**後灣仔龜蛇二精——血染海水的悲戀** 文．青悠 119
海盜欲從吼門海道入澎湖內海，每至晚間便迷失方向不得其門而入，考其因竟是龜、蛇二精夜間幽會，攔阻其道，於是便毫不留情對準航道發射砲火……

**第三站——澎湖本島及周邊** 127

**虎井嶼鬼市——海面下的飄忽之城** 文．林祉均 140
聽聞盛名而前來的我們，雖無法潛入海底親眼看見那座城池，但在虎井嶼體驗到的地景與時光，無一不是這個傳說存在的迴響。

**厭勝物——鎮煞安心的特殊地景** 文．高珮芸 148
除了鎮煞，因氣候影響，澎湖還有鎮風沙、鎮疾病的需求，因此厭勝物種類十分多元，尤其在馬公本島就可見到如石塔、石碑、石敢當等特殊的形式。

**風櫃傳說——中元普渡的「盟軍桌」** 文．高珮芸 156
臺灣民俗認為，孤魂野鬼為索取祭祀的香火，便可能會作祟，甚至騷擾周邊居民。也因此，長年的古戰場傳說，讓風櫃尾出現了一種特殊的祭祀方式。

**安宅里虎頭山——一隻猛虎嚇三村** 文．清翔 162
位於安宅北側、許家村西南側、西衛東側的海域上，有座虎頭山，虎嘴向著許家村，虎屁股對著西衛，虎尾朝向安宅。每當虎頭山掉落石頭時，就表示老虎張嘴要吃人。

**青螺村&北寮村——虎頭山獻五寶** 文．清翔 171
虎頭精是不是根本就像追著吊在前面的胡蘿蔔跑的驢子一樣，一直跟著指示四處奔走，卻什麼都沒吃到呢？光是這樣想像，就覺得有趣。

**烏崁白馬精——跟著白馬漫遊去** 文．瀟湘神 178

他們立刻打開門，朝白馬追去，結果白馬轉身就跑。他們追啊追，經過一條小路，追到了海邊的林投樹林，誰知白馬跳進林投樹林中，居然消失了。

**龍門白墓碑——靈異景點推理紀行** 文．清翔 187

或許，打從一開始，這裡便沒有墓碑，更別說是白色的墓碑。但也有別的可能——在考察的過程中，夥伴曾提出疑問：故事中所提到的，真的是墓碑嗎？

**第四站——望安嶼** 195

**花宅聚落——來自空屋的報案電話** 文．小拉 200

沿著花宅老宅與聚落的邊緣走一小段路，有一小塊露天的區域保留下石頭堆砌的牆體，然而這片區域已被雜草覆蓋，留下曾經精心整理，卻又不了了之的痕跡。

**馬鞍山嶼——釣魚撞鬼實錄** 文．小拉 209

沒想到，即使不放魚餌，大表哥的釣竿彷彿擁有無盡的吸引力，魚群們前仆後繼，不管幾竿下去，都是七條魚上來。

**參考資料** 220

**「臺北地方異聞工作室」作者群介紹** 222

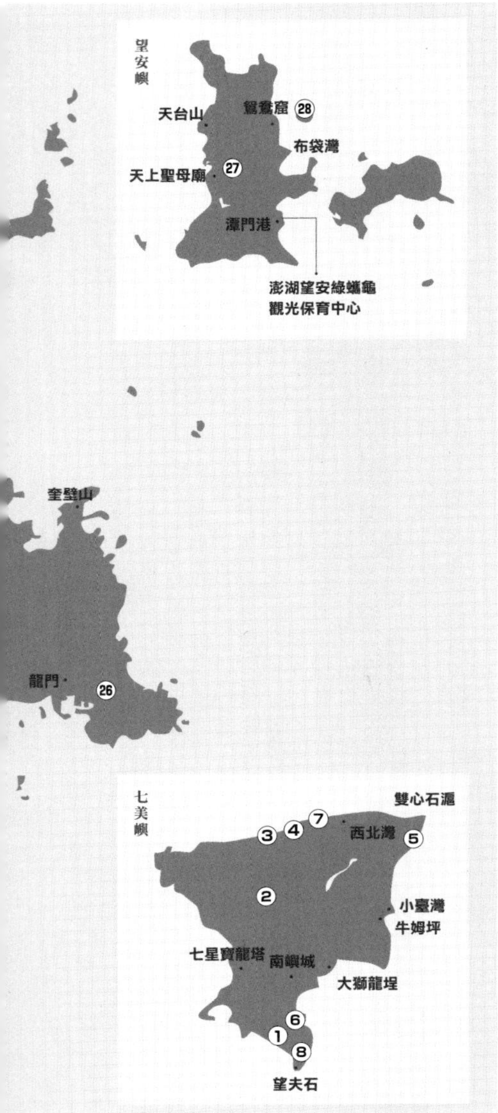


① 七美人塚

② 七美壓勝物 - 鳳凰寶塔（鳳塔）

③ 七美壓勝物 - 神鷹寶塔（鷹塔）

④ 七美壓勝物 - 麒麟將軍塔

⑤ 七美壓勝物 - 金龍寶塔

⑥ 七美厭勝物 - 福龍龜王塔

⑦ 七美忠義洞

⑧ 七美望夫石

⑨ 張百萬故居

⑩ 西臺古堡

⑪ 內垵村（女巫下咒）

⑫ 橫礁（虎精傳說）

⑬ 西嶼白馬崎與萬善宮（濟安宮）

⑭ 風坑（豬母精）

⑮ 赤馬樊桃殿

⑯ 後灣仔

⑰ 虎井嶼（鬼市）

⑱ 壓勝物 - 塔公塔婆

⑲ 厭勝物 - 鎖港南、北鎮風塔

⑳ 厭勝物 - 白沙四海龍王押煞碑

㉑ 厭勝物 - 白沙魑魅魍魎碑

㉒ 風櫃洞（盟軍桌）

㉓ 牛母件嶼／許家村虎頭山

㉔ 虎頭山（獻五寶）

㉕ 烏崁白馬、帆船嶼

㉖ 龍門（白墓碑）

㉗ 花宅聚落

㉘ 馬鞍山嶼

# 澎湖妖怪跳島採集地圖

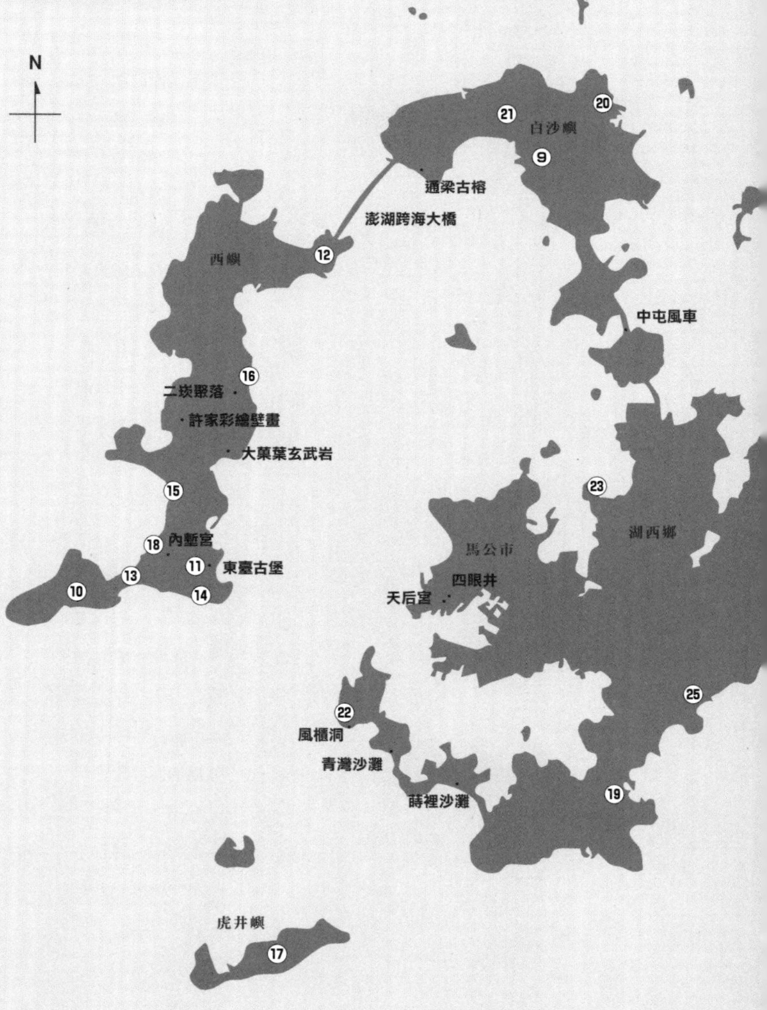
N
白沙嶼
21
20
9
通梁古榕
澎湖跨海大橋
12
西嶼
中屯風車
16
二崁聚落
許家彩繪壁畫
大菓葉玄武岩
15
23
湖西鄉
18
內塹宮
11
東臺古堡
13
10
14
馬公市
四眼井
天后宮
25
22
風櫃洞
青灣沙灘
蒔裡沙灘
19
虎井嶼
17

# 前言——
# 跳島民俗傳説之旅的誕生

文．臺北地方異聞工作室

二〇二三年三月，「澎湖海鮮皇族」聯絡了我們工作室——可惜不是找我們來賣海鮮的。甚至不是找我們來推銷「島啤酒」，傷透了工作室酒鬼們的心。

唉，工作室的業配能力不足，也是無可奈何，好在我們還有幾項別人看得上眼的地方。像是以鬼怪為主題的文史調查、文史資料的轉化、娛樂小說和知識普及型文章的產出……又或是集團出擊、分工合作完成一項作品的經驗。

於是，同年九月，我們就衝去了澎湖。

等等、等等，上面說的這些，除了「澎湖」兩個字以外，和「澎湖海鮮皇族」有任何關係嗎？

其實，對於拿起了這本書的人來說，他們還有個更讓人眼熟的名字：「離島出版」——如果還是覺得很陌生的話，麻煩翻到這本書的版權頁——算了，直接劇透，他們就是我們這次的出版社啦！

沒錯，「澎湖海鮮皇族」不但錄podcast、賣啤酒、推銷海鮮、辦講座、講澎湖故事，還會抓人來出書，更會要人去挖掘澎湖的鬼怪傳說故事。我們六個人就這樣，被抓去了天氣又熱、風又大，正值九月，即將步入旅遊淡季的澎湖群島。

大多數臺灣本島人對於澎湖的第一印象，應該就是海產吧？要是去過澎湖旅遊，或許還會加上黑糖糕、鹹餅、風茹茶、花生酥、仙人掌……美麗的海景、怪奇的岩石、多不勝數的廟宇和傳統建築、夏季的煙火與演唱會。

當然，歷史課本告訴我們更多：荷蘭人來過，然後又跑去臺灣；施琅打贏了明鄭，於是臺灣被納入清國版圖。而後，澎湖和臺灣的歷史匯聚在了一起——日治、二戰、國民政府遷台、二二八和白色恐怖、解嚴與政黨輪替……

在這些熟悉事物的背後，鬼怪不聲不響地存在著。潛藏在生活底層，隱匿於社會脈絡，介在日常與非日常之間，與歷史和族群交織。

想要從這層層疊疊的表相中，挖掘出深埋在過去記憶裡的鬼怪傳說故事，準備鑷子和毛刷可沒用。畢竟，無論怎樣，鑷子都敲不到鬼怪的身上，毛刷也不可能讓牠們打噴嚏。

我們能做的只有——坐下來翻翻書。

聽起來很無聊吧？但這可是鬼怪考察的重頭戲，事情成敗幾乎都在此一舉，早在我們人到澎湖之前就大勢已定。再說了，多花點時間在舒適的冷氣房查資料，總比頂著大太陽在當地當個無頭蒼蠅盲目亂轉要來得好。

要捕捉無形的鬼怪，當然也只能透過無形的知識。從最切題的澎湖民俗論文與專書，到廣泛收錄臺灣各地民俗資訊的期刊雜誌，再到大海撈針的地方誌和報紙記載。

我們既廣泛搜羅，也謹慎篩選，甚至激烈討論了一番。終於，從各個角度篩選出，適合這次旅行的鬼怪與民俗傳說。

如果說前面的工作是泥裡淘金，那麼接下來的作業，就是拿著不完整的牛奶拼圖，試圖拼出個形狀。

既然要實地考察，那麼就得找出那個「實地」。但每個傳說各有各的麻煩。從古今地名的差異、不再使用的稱呼法、鄉鎮之間的分割與合併，再到連具體地名都沒有，只有對於地景和相對方位的模糊描述……

「鳳山面海的那一邊」，是要我和長長的海岸線對決嗎？「風坑」又是在哪？這個村子以前涵蓋的範圍其實更廣？「忠義洞」可能根本不存在？

我們不得不翻更多的書，求助於文史考察前輩們的種種研究，依靠古今地圖來回比對（感謝中研院的「臺灣百年歷史地圖」），竭盡全力，盡可能地鎖定傳說相關的地點。

然後，我們就只能做到這裡了。更多的，就只能親眼去見見。紙上閱讀和實地造訪，是截然不同的體驗。

●

「什麼？來回都只有一班船，九點半從馬公出發，十一點半到七美，下午一點半就要啟程回來？」

呃，不，我指的不是這種體驗。更接近——由於不得不在七美留宿一晚，所以有時間品味七美人塚的孤寂氛圍，可以探索雜草叢生的小道，可以觀察厭勝物和周遭地景的關聯（常在出海口附近），更可以繞路去看看臨時在地圖上發現的民俗地景。

又或是，負責望安的組別，碰上了熱情的「如意居」老闆，意外從她口中聽到好幾個鬼故事，取代了原本想去考察的項目。我們在文史工作者的帶領下，不只了解到在地的歷史文化，還吃到了當地的隱藏美食。我們進行演講時，和觀眾的互動，更是寶貴的經驗，我（清翔）還因此獲得了在七美嶼的跑腿任務——幫忙買螺肉給（是醃漬的珠螺，非常下飯）。

虛幻的想像，就此化為了實體。但這並不是終點，這本書的撰寫才要開始。

我們將目光從實際的當地，移到了想像的讀者身上。其實工作室的人喜歡寫落落長的文章，把一切寫得鉅細靡遺。但既然要帶著大家來澎湖玩，要是還讓人在大風或大太陽下，閱讀難以消化的長篇大論，那就太過分了。我們因此限制了字數，降低文史知識含量，讓它們更接近帶領大家在澎湖四處散步閒晃的遊記。

活於歷史夾縫的鬼怪，與當時還不存在的讀者，穿透了時間，造就了這本書。澎湖的民俗傳說故事，根據北地異作者們不同的知識背景與個人關懷，像是被放入萬花筒一樣，映出了不同的景象。

過程中，我們也有著不安，不知作為外來者的我們，是否真的有資格這樣轉述這些故事。不過，就作為拋磚引玉吧！愈多人拿起這根萬花筒，就愈能展現這些故事的豐富層次。（像是編輯就驚覺：多年前她其實來過澎湖！）

在你的眼中，這些故事會呈現出什麼樣貌呢？真令人好奇。

# 第一站——七美嶼

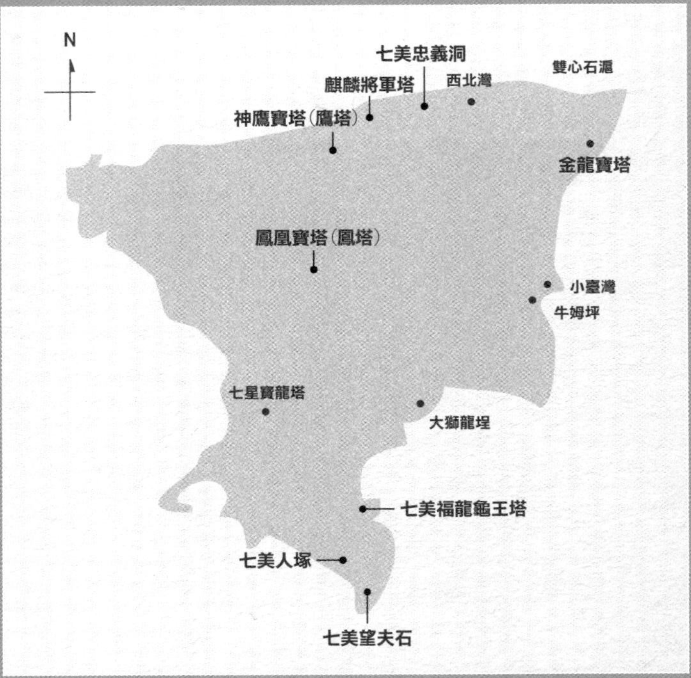
N
七美忠義洞
雙心石滬
麒麟將軍塔
西北灣
神鷹寶塔(鷹塔)
金龍寶塔
鳳凰寶塔(鳳塔)
小臺灣
牛姆坪
七星寶龍塔
大獅龍埕
七美福龍龜王塔
七美人塚
七美望夫石

位在澎湖列島最南方的「七美嶼」，雖然孤懸列島末端，卻是許多前往澎湖的旅人絕不錯過的跳島必訪，雙心石滬、小臺灣、大獅龍埕等特殊地景，更是旅人搭船跳島、短暫停留數小時的觀光勝地。

然而，這個古稱「大嶼」或「南嶼」的南方之島，值得花更多時間尋幽探奇，從島嶼命名由來的「七美人塚」、和大獅龍埕同為大自然造景的玄武岩「望夫石」，以及堪稱「密度全澎最高」的七美石塔群，還有隱藏著晦澀歷史傳說的神祕「忠義洞」……請放慢腳步，沿著這些民俗景觀，深入七美的文明肌理一探究竟吧。

七美人塚石碑及其後茂密的香楸樹叢。

以水泥砌成、鑲嵌卵形黑色石塊、頂端有一老
鷹石雕的七美厭勝物「神鷹寶塔」。

月鯉溝堤壩上的「福龍龜王塔」，塔上為一隻
龍首、龜背、麒麟尾的神獸雕像。

「福龍龜王塔」前方的迴旋狀矮堤「水柱」，用以減緩雨水流速。

自西北灣走近海岸，尋找傳說景點「忠義洞」的痕跡。

宛如懷孕女子枕臥陸地、身軀伸向海洋的玄武岩連峰「望夫石」。

# 七美人塚——
# 海盜時代遺留的淒美痕跡

文．瀟湘神

就像「魂花」不容攀折，寄宿於香花之間的亡魂，正斥責那些覺得可以對女性為所欲為的男性。

七美位於澎湖群島的最南端，或許正因如此，過去也被稱為「南大島」。就算是用現代快艇，從馬公出發，也要兩小時才能抵達。為何現在叫七美呢？若光看字面意義，或許會覺得是「七椿美事」之意，但這個名稱的來源，其實並沒有這麼美好圓滿，各位讀者若是知道背後的緣由，或許會起一身雞皮疙瘩也說不定。

我們在豔陽天裡抵達七美島，那時碼頭、道路、建築物都照得白閃閃，幾乎讓人睜不開眼。旁邊的遊客中心無法使用，似乎是之前被颱風破壞，正在維修中。七美最熱鬧的區域，就在碼頭邊，便利商店、餐廳、租車行，幾乎都圍繞著碼頭前的這條街。

「島上有什麼傳說嗎？像是妖怪、鬼怪之類的。」我們吃午餐時問了店員。

「最有名的就是七美人塚。」店員指著主要幹道，「從那裡過去，很快就到了。不過年輕人都不去，他們都去雙心石滬之類的地方。」

所謂雙心石滬，是過去在潮間帶築起的♡形石牆，透過♡形前端向內縮緊的構造，讓游進來的魚在退潮時難以出去，也就是「陷阱」。某種意義上，或許確實跟「愛情」類似吧！或許只看形狀會認為是愛情的象徵，知道實際功用的人是否仍這麼想，我就不清楚了。總之，能明白為何年輕人會追逐。

至於七美人塚——

對，正如各位讀者所猜想的，這正是現在「七美」島的由來。

**淒美的起源**

據說過去澎湖群島一帶，海盜肆虐。有多嚴重呢？有些島嶼實行「暗婚」，或「偷娶」，也就是結婚時，不會在白天敲鑼打鼓慶祝，而是到了深夜，甚至凌晨，整隊人馬安安靜靜地抬轎子送新娘過去。明明是喜事，卻被隱蔽在無聲的暗夜中，就是怕被海盜發現、打劫——海盜猖獗嚴重到如此程度。

當然，七美島也時不時被掠劫吧。有一次，海盜又登上了島，七位少女怕被海盜侵犯，投井自殺，在那之後，井邊長出了七棵香楸樹，到了花季，會長出小巧可愛的花。在片岡巖的《臺灣風俗誌》中，將這種花稱為「魂花」，如果有人攀折，就會生病，這似乎並非信口胡謅，日本時代，據說就有位警官攀折此花，回家後肚痛不已，直到於七美人塚前謝罪，這才恢復。

「七美」二字看似風雅，但「七美人」的故事是則悲劇，甚至帶著令人畏懼的不祥之感，也難怪年輕人沒興趣了。明明如此，官方卻將「南大島」改為「七美島」，為何要特地賦予不祥之名呢？實在令人費解。

## 褒揚「貞節」的背後

如果旅人要參觀七美人塚，從碼頭出發，只有一條主幹道，幾乎不會走錯。七美人塚在道路左側，前方是石砌的新築門樓，月洞門上寫著「七美人」三字。雖然當地人說年輕人沒興趣，但門樓前顯然被當成觀光區在經營，我們抵達時，只有一個攤位在做生意，而且我點了黑糖石花凍後，老闆就立刻收攤了。

「或許是只在有觀光客時做生意吧。」同行的夥伴說。

由於抵達七美的船班是固定的，因此可以計算觀光客抵達的時間，或許我跟同行者去民宿放行李，耽擱了時間，錯過觀光客的高峰了吧。

門樓前，有個告示牌說明七美人塚的由來，情節與前述大致相同，只是指出了明確的時代背景：

相傳明朝時，日本倭寇來犯，燒殺擄掠，凌辱婦女——

事實上，最早提及此傳說的文獻，並未言明時代，只說「前朝人避亂居此，遭海寇，有女子七人投井死」，既然如此，這裡指名「倭寇」的根據是什麼呢？穿過月洞門，七美人塚旁有好幾塊碑，其中一塊是陸軍中將於民國四十二年國慶日所立之碑，也有「倭寇」之說，並說少女投井而死，是為了「全貞」，保全貞潔……

看到這些，我心中不禁有了些許猜測。

中華文化裡，貞女不只是一種道德要求，也是種隱喻，表達對君王、族群的忠誠，因此程頤說「餓死事極小，失節事極大」，現在只覺得是迂腐的道學臉孔，厭女的混蛋，但其基礎，是不分男女老幼，對節操的全面要求。

問題是，貞節是針對什麼？如果已嫁人，那就不再嫁。如果未婚，就要自殺保全貞操。前者效忠的是所屬群體，後者是排斥敵人，即使死了，也絕不能讓敵人「占便宜」，換言之，這兩者都關係到「族群的邊界」。貞女的生命，是用來區分敵我，不容一絲模糊的。

南大嶼改名七美，是民國三十八年的事，其目的也是讚揚七美人的「貞節」；考慮到當時離日本統治結束才幾年，或許那時國民政府正積極地將「日本」這個「毒素」從臺灣、澎湖等地驅逐出去吧！幾年後的碑文指名「倭寇」，就是將日本人視為敵人切割出去，立碑時間是國慶日，背後的政治意義更是不言而喻。換言之，七美的更名，其實是民族主義作祟的結果。

不過，透過倭寇凝聚民族主義，其實有荒謬之處。因為明朝末年被稱為「倭寇」的人，其實很多是中國人、朝鮮人，或其他東亞民族，只有少部分是日本人；這當然有種種原因，其中一部分是明朝的海禁政策，斷了沿海村落的生計，讓他們不得不成為海盜。因此對熟悉歷史的人來說，倭寇並不能區分民族主義上的敵我，但對不這麼熟悉歷史的人，或許有效吧。

## 香楸樹的詛咒

七美人塚前方除了碑文，還有祭祀用的香爐，旁邊放了七個杯子、七個盤子；即使是豔陽天，仍有種陰冷的氣息。不過，七位少女是投井自殺，那個井究竟在哪？老實說，已看不到了。或許真有那口井，但石碑後方被稱為香楸樹的樹種，其實是低矮的灌木叢，這種樹從接近地面處開始分枝，茂密的樹葉幾乎完全掩蓋地面，因此根本無從確認井的狀況。

微風吹過，空氣中還遺留淡淡的焚香氣息，有種寂寥的感傷。

說起來，「香楸樹」究竟是種怎樣的植物？其實日本時代就有學者調查，結論是，這種植物其實是「一葉荻」，一種有毒植物。過去傳說攀折枝葉的人會生病，或許其實是中毒，從這個角度看，七美人塚實則沒半點靈異，那不是詛咒，而是人們對自然現象的解釋。

## 亡靈自有主張

不過，我們跟到望安島考察的夥伴會合後，才知道七美人塚確實有靈異故事。那是望安島的島民流傳的。

據說七美島上曾有工程，有工人在七美人塚旁說了不該說的話，當晚就在宿舍狂吐水，將身體裡的水都吐乾了。其他人連忙將他帶到島上衛生所之類的地方，對方一看，居然說「你是在七美人塚說了不該說的話吧？這我沒辦法治」。

後來怎麼做呢？當事人昏迷不醒，其他人就把他架到七美人塚，要燒金紙請求原諒，據說在沒有風的情況下，居然連香都點不燃，表示對方不打算接受道歉，於是他們抓著當事人的頭髮，用力往地上磕，磕到血流不止，用這種方式讓他磕頭道歉才點燃。但香點燃了，接下來換金紙無法點燃，他們就抓他的頭繼續撞，每撞一次就問行不行，就這樣撞了七七四十九次才總算得到原諒……

實在是讓人毛骨悚然。

「那個人到底說了什麼？」我問。

「據說是『女孩子讓人家碰一下又不會怎樣』。」

啊——老實說，是該受點教訓。

聽來恐怖，畢竟磕頭磕到流血，太戲劇性了。但轉念一想，這不是七美人傳說在這個時代的新風貌嗎？貞女不再是效忠誰，而是主張對自己身體的自主權！就像「魂花」不容攀折，寄宿於香花之間的亡魂，正斥責那些覺得可以對女性為所欲為的男性。這麼想著，我就對傳說的韌性感到敬佩；七美人的故事，或許百年後還會繼續流傳吧。

# 神鷹寶塔——塔頂老鷹之謎

展覽介紹了一種石塔，說能辟邪。當時我就覺得很特別，劍獅、石敢當等，我可以想像為何有辟邪之用，但石塔呢？為何這種構造能辟邪？

文・瀟湘神

記得最初知道澎湖的「辟邪塔」這種東西，是在臺灣博物館的「菊島秘境——澎湖南方四島特展」。這個展覽介紹東吉嶼、西吉嶼、東嶼坪嶼、西嶼坪嶼，以及周邊小島，現在這個區域已成了國家公園。其中，西吉嶼是無人島，過去雖有村落，但現在只剩廢村，如此背景，自然有著神祕的魔力。

在這樣的廢村中，展覽介紹了一種石塔，說能辟邪。當時我就覺得很特別，劍獅、石敢當等，我可以想像為何有辟邪之用，但石塔呢？為何這種構造能辟邪？

雖然不清楚這樣的文化是怎麼演變來的，但實際到了澎湖，才發現這種石塔到處都是，有「寶塔」、「辟邪塔」、「塔石敢當」、「鎮風塔」等說法，有的甚至四、五層樓高；有趣的是，有時這種塔還不只能辟邪，還能反制不同村落的惡意，我猜是受風水觀念的影響。建築這件事，不只是對抗自然，也是對抗人類。總之，對我們這些旅人來說是塔，對當地人來說，其實是秩序的再現，與日常生活密切相關。

不過，七美島上卻有座「神鷹寶塔」，流傳著與「辟邪」完全無關的傳說。

## 傳說一：小姑罷凌事件

據說七美島的西湖村，有戶人家的嫂嫂跟丈夫的妹妹，也就是小姑處不好。不，與其說處不好，不如說是小姑單方面為難嫂嫂。她惡劣到什麼程度呢？她給嫂嫂三斗米，卻要求嫂嫂磨出六斗的粉，這當然是刁難，無論如何都做不到的。

這種事，原本丈夫出面就行了，但嫂嫂怕兄妹失和，沒跟丈夫求助，而是拿嫁妝去換米，以補齊少掉的三斗。然而，嫁妝總有用盡之時，等沒錢補上那三斗米時，小姑居然惡狠狠地說：「怎麼回事？你之前不是能磨出六斗米嗎？怎麼少了三斗？一定是你偷偷拿去賣掉了！」

說完，小姑拿著石磨朝嫂嫂丟去，居然將嫂嫂砸死了。

家庭內的霸凌事件，居然演變成殺人事件，這大概是誰都想不到的吧！無辜的嫂嫂死後，居然化為一隻老鷹，整天飛翔在七美島北方某處，發出「惡姑！惡姑！」的呼喊聲，彷彿在揭發、痛斥小姑的邪惡。奇怪的是，小姑似乎也後悔自己的行為，居然主動餵食那隻老鷹，想彌補自己殺人的罪孽。許久之後，人們就在老鷹出沒的地方建了座寶塔，並在塔上立了老鷹像，以紀念這件事。

**傳說二：鎮守風水的靈力**

神鷹寶塔在七美島北方濱海之地，其實相當偏遠，還得騎機車在小路間鑽來鑽去，最後穿過一座橋才能抵達。塔前有個石造的供桌，寶塔本身則是圓錐體，像是用水泥砌成的，上面鑲嵌了一輪又一輪的卵形黑色石塊，不同高度的石塊排列方向不同，或許是透過方向的差異，來表達這座塔有幾層吧？不然只看這樣的圓錐體，恐怕跟我們對塔的想像有不少落差。

塔的頂端有隻石雕的鳥類。要說是老鷹嘛，老實說沒這麼雄赳赳、氣昂昂，雖然微微彎曲的鳥喙確實像鷹，但體型更像鴿子。看著老鷹石雕，我不禁困惑前述的傳說並未解釋為何寶塔採用澎湖常見的「辟邪塔」樣式。

譬如，七美島流傳與白馬有關的傳說，但也只建了小小的白馬像，如果要紀念跟老鷹有關的事件，同樣只需要老鷹像就好，不需要下面的塔。因此，這傳說似乎漏了些什麼，或是說，少了最關鍵的部分。

其實在《西瀛尋塔記》裡，記錄了與前述傳說完全不同的緣由，但合理許多，或說直接切入關鍵。根據該書，最初會在神鷹寶塔的位置上蓋塔，是因為該處為東湖、西湖兩村的出水口，而附近玉蓮寺的觀音佛祖指示，說這樣的風水不好，應該蓋塔來鎮守，以免村民的錢也跟水一起流出去，換言之，這座塔的目的是「守財」，有風水的功效。

那為什麼上面有老鷹石雕？似乎並沒有特別原因，就是神明指示的。其實不只神鷹寶島，七美島上的辟邪塔，就算塔身的風格不同，塔頂也幾乎都有動物；像麒麟寶塔、鳳凰寶塔、金龍寶塔等，這些都是建塔時由神明指示的。從這個角度看，老鷹石雕與其他動物石雕並無不同，都是寶塔具有靈力的象徵，而非某人死後化成。

## 民間故事的生命力

既然如此，為何會流傳嫂嫂與惡姑的傳說呢？

我想，或許是因為「惡姑」之鳥並非僅限一時一地之故事。事實上，確實有種鳥的叫聲聽來像是「姑惡」或「苦啊」，那不是老鷹，而是白腹秧雞；由於那獨特的叫聲，民間流傳牠是被小姑虐待而死的嫂嫂所幻化，換言之，這並非神鷹寶塔的由來，而是流傳於華人間，廣為人知的民間故事。

這反映了某種民間傳說的性質——

故事是具有解釋性的。

而且，人們傾向以自己熟悉的事物加以解釋。

我想流傳這則故事的人，或許並不清楚建造神鷹寶塔的始末吧！如果有人問「為何那邊有座上面有鳥的塔」，為了回答這問題，人們就只能從自己熟悉的故事中找原因。加上塔頂石雕的體型不完全像老鷹，要是沒注意到微彎的鳥喙，或許就會當成另一種鳥；加上比起金龍、麒麟、鳳凰，老鷹似乎不算是常見的瑞獸，久而久之，就出現了另一種詮釋。

不過，這不表示姑惡鳥版本的神鷹寶塔故事是「假」的。這個版本只是見證了傳說如何發展、演變而已。如果傳說沒有解釋力、生命力，即使有人提出，也不可能廣為流傳；或許對七美島民來說，姑嫂間的緊張關係確實常見吧，「姑惡」的版本才能在這個島嶼落地生根。可以說，這種「異說」也是七美島民生命力的展現，不能因為偏離歷史就加以否定。

# 石塔巡禮——
# 集水與風水兼具的奇特造景

文．清翔

澎湖共計有四十九座石塔，七美便占了其中十座；七美鄉的六個村，便有五村建石塔，並大多有定期祭拜。

在橫跨了月鯉溝的堤壩上，有一座小小的單層圓塔，塔上有隻龍首龜背麒麟尾的瑞獸。灰白的石製身軀，深色的龜殼，面朝西面聚落，只有眼睛上了黑白兩色，表情喜感逗趣，微微揚首，眼珠向上看去，嘴巴大張，像在看天大笑。

堤壩前方的排水溝裡，有著乍看之下仿若蚊香的迴旋狀矮堤。和蚊香不同的是，迴旋的中間並未封閉，留了個開口，仔細看去，這個迴旋實際是由兩道矮堤互相迴轉包圍而構成。

這個奇特的景象，讓本來只是看見Google地圖上標示，一時好奇，路過附近時順便拐過來看一眼的我們，忍不住下車駐足觀看。

這是七美嶼的「福龍龜王塔」，位在南港村西南，旁邊就是陳氏宗祠。根據《澎湖的辟邪祈福塔》，這座塔和前方稱為「水栓」的迴旋狀設施，是為了留住財富所建。

因為雨水順著溝渠，從西往東奔流，經月鯉港出海，位在西邊的西南莊居民認為，財富會因此跟著流失，賺到的錢財留不住；所以在民國六十年時，居民遵照池府千歲的指示，集資在接近出海口的此處建塔，阻擋水勢直奔出海，以期守住財富。

建成之後，流水因著水栓的阻礙，不得不迂迴旋轉，降低流速。而在水栓的尾端，更是有著一個井狀構造，需得等到井中水滿，多餘的水才得以流向堤壩，從堤壩留下的狹小出水口排出。

## 「水主財」的風水氣象學

除卻風水上認為「水主財」的想法之外，澎湖本身缺乏降雨，同時又難以留住雨水，或許也是「水」在此被賦予如此重要意義的原因。

澎湖地勢平坦，缺乏高山，無法產生地形雨；又因位處北回歸線，受到下沉低氣壓之影響，使地面難以形成旺盛對流，缺乏午後雷陣雨那樣的對流雨。

旺盛的日照與強勁的風，卻又會迅速地帶走水。如此種種，導致澎湖平均年降雨量僅有一千毫米，年蒸散量卻可高達一千六百多毫米。

七美嶼亦是如此，平時雨量稀少，就算是夏季，也只有在梅雨和颱風時才有相當雨量。颱風來時的瞬間強降雨，有時甚至可占全年一半的雨量。但若颱風未途經此處，便會缺乏降雨，又或是先經過臺灣本島帶去大量豪雨，再行進至七美地區時，雨量便會減少，甚至可能帶來焚風、鹹風等現象。

如此少量、不穩定、來得快去得也快的降雨，也難怪居民覺得雨水的快速流失會帶來負面的影響。不過，反過來想，當得以挽留雨水之時，就更會覺得富足吧。

## 熱愛石塔的島嶼

現今的福龍龜王塔經過重建，與《澎湖的辟邪祈福塔》中，所附之黑白照片裡的簡單樣式有所不同。照片中的塔體凹凸不平，塔頂的靈龜不但形貌扁平，也更像一隻普通的海龜，別有一番可愛。除了建塔緣由提及的留住財富以外，村民也認為這隻靈龜本身，可帶來漁業豐收，並庇佑村民長命百歲。

在澎湖，各式辟邪祈福用的石塔並不罕見，但以七美鄉的石塔密度為最。澎湖共計有四十九座石塔，七美便占了其中十座；七美鄉的六個村，便有五村建石塔，並大多有定期祭拜。如果在七美停留的時間尚有空閒的話，不妨順道來趟石塔之旅。

從港口往東開始騎車環島一圈的話，首先在經過加油站和發電廠的下個通往海邊的岔路，往海邊騎去，可以看見塔頂裝飾著葫蘆的「福隆寶塔」。據說，過往國軍建設南滬港口，為了取得石材，在現今這座塔西北方海岸山頭，埋設雷管引爆取石，破壞了該處風水穴，因此為了彌補風水，才建設此塔。

回到大路，繼續往七美人塚騎去，在七美人文化園區內，七美人塚的後方，可以看到純粹由石塊堆疊而成的「望夫塔」。顧名思義，便是建在近港的高地，供漁民的妻兒，在塔邊眺望海上作業的丈夫。

再順著大路繼續騎，從月鯉港旁的岔路騎進去，便是福龍龜王塔。回到大路，一路騎到接近雙心石滬，便可在靠海的那面，看到「金龍寶塔」。說是金龍，但塔頂以剪黏製成的龍，卻是五彩繽紛。其建塔緣由是為利風水，保佑村民平安。

繼續沿著大路騎，經過西北灣，再經過忠義洞，在烏溝口涼亭附近，雞心礁水溝口的堤岸上，有個大小和福龍龜王塔相仿的「麒麟將軍塔」。此處地勢低窪，降雨時，雨水夾帶泥沙出海，村民恐泥沙流失，地層降低，影響居民無法聚集財富，為守住財富而建塔。

## 辟邪鎮煞防漏財俱全

再往下騎，從第一個向海邊的岔路進去，一路向海邊騎，可以看見神鷹寶塔，又稱「塔將軍」或「鷹先生」。雖經過多次重建，但若論及原塔，除卻建塔時間不詳的望夫塔，此塔卻是全七美歷史最悠久的，建於清光緒年間。至於建塔緣由，也和守住財富有關。此處為匯集東湖和西湖二村的排水出口處，水由南往北流出，因風水不佳，故建塔鎮守出水口，使流水轉向略微偏東，以守住村莊財富，並保佑村民平安。

從神鷹寶塔沿海往西騎一小段，再從往南的岔路騎去，可以看見「鳳塔」。鳳塔位在附近莊內高地，純由混凝土構成的塔身頗為醒目。是為了鎮壓煞氣而建。

往回到海邊的路上，一路騎到七美的最西端，可以看見塔頂放了顆葫蘆的

「玉皇大帝天上聖帝」寶塔。過去在尚未開闢七美機場前，曾有條東南西北走向的排水溝貫穿平和村，經由現今此塔的西北側入海，建塔目的便是為了阻擋雨水沖刷泥沙入海，以保持村民財富，補強風水，使居民更能安居樂業。

接著一路向南，繞過七美機場，經過九孔生態園區，在七美漁業資源保護區那一帶，從岔路繞去荒地的背側，可以找到塔頂上有顆葫蘆的「奇峰塔」。居民是為了鎮壓西崎頭莊下的「石頭船」而建塔，希冀能擺脫其對於村莊發展的負面影響，重建昔日風光。

繼續沿海向南，不遠處便是石塔之旅的終點「七星寶龍塔」。八角形的塔身和銘黃色的層層屋簷十分醒目，更有趣的是塔頂上的裝飾物，居然又是一座小小的寶塔。此塔位在俗稱「溝仔口」的海邊排水口中央，匯集了周圍中和與海豐兩村的排水，建塔的目的便是為了阻擋雨水直奔入海，以防兩村村民財富流失。

祈福辟邪之物的種類很多，每個地區卻各有偏好，就連在澎湖縣內也可看出差異。澎湖花嶼以石敢當之多而聞名，七美則獨鍾於石塔，並有格外多的照壁。在四處旅遊之時，不妨多注意觀察，領略各區不同的民俗風情。

# 忠義洞——海盜、寶藏與狗的跳島之謎

文・清翔

是因為那個洞很隱密，以致我們就像那每每撲空的海盜那樣，沒有狗吠聲的指引，就難以找到洞的位置？或者像有些人說的，忠義洞的位置其實不在這裡，還是說——這個故事根本就不是發生在七美嶼？

「有看到前面這條路嗎？你們就沿著地上藍色的線騎。」租車行老闆替我們牽出機車，一邊熱情地指點，「七美燈塔、望夫石、月鯉灣、牛姆坪、小臺灣、雙心石滬、西北灣，所有景點都在這條路上。你們就騎到西北灣，再原路折返回來就好。」

七美嶼倒也不是沒別的景點可看，只是公共交通船航班有限——從馬公出發，最早十一點三十五分抵達七美；而要當日返回馬公，更是得趕在下午一點半登船——如果不在七美住宿一晚，光是如此行程就很緊湊。考慮到這點，租車行老闆的建議，對當日來回的觀光客來說，實在再實用不過。

不過，我們畢竟是來考察，早已確定了住宿，也只能辜負老闆的好意建言，在抵達西北灣之後，仍然一路繼續向前。我們所要考察的地點之一「忠義洞」，就在西北灣那一帶。

## 七美人不養狗？

根據《澎湖民間傳說故事》所採集到的內容，七美嶼老一輩的人，叫它「鬼仔洞」。那邊有鬧鬼的傳聞，有人常在那聽到哭喊的聲音，大人甚至會禁止小孩去那個洞。聽說以前有人進去裡面，看到裡面有金銀財寶，一時貪心拿了，結果迷路找不到出口，把東西放下之後，才成功走了出來。

那些金銀財寶是哪來的呢？傳說以前海盜來搶劫時，七美人會把錢和東西收一收，跑到那個洞躲起來。海盜每次遠遠看到有人，但是到島上就是找不到人，也找不到有價值的東西。有一次，海盜來襲，村民照例躲到洞裡，海盜搜遍整個村子，都找不到村民。這時，狗吠引起了海盜的注意。海盜循聲找去，便發現了村民躲藏的洞穴。海盜不敢貿然進去，搜集了村中的棉被等易燃物，堆在洞口焚燒。洞中躲藏的村民，就這樣被活活燻死。

這就是為什麼傳說那邊會鬧鬼，又為什麼會傳說那邊有財寶。聽說，七美人就是基於這樣的緣由，才不養狗——我們此行，也的確沒有在島上看見狗。

與此同時，我們也沒有看見忠義洞。雖然寫著「忠義洞」的招牌，就立在西北灣那一帶，但從那邊下去海岸，頂著大太陽，費力行走於高高低低、大大小小的一塊塊岩石之上，沿著峭壁尋找，卻怎麼找都找不到看起來像是洞口的地方。

是因為我們找得不夠仔細嗎？是因為那個洞很隱密，以致我們就像那每每撲空的海盜那樣，沒有狗吠聲的指引，就難以找到洞的位置？或者是因為海崖崩塌或是地層下陷，導致洞穴被崖石蓋住，不再可見？又或者像有些人說的，忠義洞的位置其實不在這裡，而是在月鯉灣那邊的「古仙洞」？還是說——這個故事根本就不是發生在七美嶼？

## 從望安移居而來的傳說？

「古仙洞」我們也沒有見到。它的位置倒是明確，沿著七美人塚園區右側的步道前進，就能抵達古仙洞。可惜或許是因為先前剛經歷過颱風，尚來不及整理，草木倒塌、野草蔓生，阻擋了道路。我們仗著身穿長褲和薄外套，穿行草叢，勉強繞過幾處落枝、倒木，前方道路卻一次比一次更難通行，最終決定放棄，只落得滿褲子的鬼針草種子。

不過，也不用太過遺憾，還有最後一種可能。根據學者姜佩君的推測，這個傳說可能是隨著望安人移居七美時，所帶過來的。因為在望安，也有個「鬼(仔)洞」，而且真的找得到實際的洞穴。更重要的是，這個「鬼洞」的名稱，來自於和七美忠義洞極為類似的傳說。

天台山附近有個石頭路彎向西邊，那裡有一個「海嘯洞」，也叫作「鬼洞」、「通島洞」。叫「通島洞」是因為那裡可以從天台山直接通到東邊的「鴛鴦窟」，所以叫「通島洞」。叫「海嘯洞」是因為它一面是山，一面是海，一到冬天吹東北季風，海浪拍打岸邊的時候，就會發出一種嘯聲，所以叫「海嘯洞」。

叫「鬼洞」則是因為當時有很多海盜到望安來搶劫，所以他們就會躲進這個山洞，由於躲進去的人很多，所以他們就團結起來，或明或暗地和海盜對抗。後來那些海盜沒辦法，只好從山洞的兩頭放火燒，讓煙往山洞裡燻，燻得他們受不了，可是他們又不敢出去，怕海盜會把他們的妻女捉去侮辱，所以他們就通通死在裡面。直到臺灣光復的時候，那個地方還是有怨氣，常常可以聽到有哭聲，所以才會叫「鬼洞」。

另外也有這樣的傳說是，紅毛番來侵略澎湖，望安人躲藏到洞內，卻因為有隻狗沒跟上，到處尋找主人，而讓紅毛番跟去，發現了躲在山洞裡的人，於是那些被發現的人全部死了。所以後來望安的人家就都不養狗了。

## 真「洞」在何處？

這兩則傳說結合起來，不就近似七美的忠義洞傳說嗎？有意思的是，在《澎湖民間傳說故事》中，還記錄了一個相反的傳說，說是以前曾有海盜過來，村民一直追趕他們，海盜就躲到洞裡去，卻被村民燒棉被燻死在裡面，聽說洞裡還有寶藏，不知道是否真的。

這些歧異度較高的傳說，或許也能作為傳說源頭是望安的佐證。不過，有趣的是，工作室其他夥伴去望安考察的時候，當地人也向他們講述了七美忠義洞的故事。莫非反而因為觀光景點的緣故，七美忠義洞故事比較有名？又或者是因為在過往文史工作者採集傳說的過程中，受訪者也意識到了兩處傳說之間的相似，覺得不能不提到？也或許，是我想太多，對方就只是因為剛好知道，所以順口說了分享。

海盜在澎湖的歷史中，留下了深刻的印記。單只是七美嶼，就有著七美人塚和忠義洞的傳說，而另一文史景點「南嶼城」，也是為了抵禦外敵，而由陳氏家族建來防護祖厝。若將地點放寬到整個澎湖群島，那可以提及的景點就更多了。

看著這些景點，當時居民的生活樣貌便浮現腦海。不只是可見的實物，景點背後的歷史與傳說、景點之間的關聯與比較，這些肉眼不可見的事物，才是文史旅遊最有意思的地方。

# 望夫石——如果無須再望夫

文・瀟湘神

如果生計艱難，哪還有心思和時間去丈夫離去的地方等待？這顯示望夫石的傳說不僅是夫妻間的事，隨著「化為石」一起凝固、凍結的，是整個家庭的無能為力。

在七美燈塔南方不遠處，從峭壁上望去，可見一片荒涼的玄武岩連峰，從礫石灘延伸而出，不生樹木，僅有稀疏的雜草。這連峰的形狀，宛如一位將頭擱於岸邊、身軀浮在海面的女子，肚子鼓鼓的，彷彿孕婦，腹部和豐滿的胸脯毫無間隔，看似即將分娩。而從頭頂向七美島傾斜的山脊，彷彿長長的秀髮，散落在海邊的草原。

女子身旁的礫石灘美不勝收，石塊像會割人，清澈冰冷的海水底下，海草清晰可辨。

看著這座人形巨岩，我不禁想起了迪士尼動畫《海洋奇緣》中，海洋之母塔菲緹化身的島嶼。據說該島的設計靈感來自現實中的大溪地島，形狀似側臥的女性，婀娜多姿；然而與大溪地的繁茂綠意不同，這玄武岩荒涼到可與火星媲美，僅腹部和胸脯頂端有稀疏的綠色——比你想得還要貧瘠，那些草甚至遮不住下方的岩石，就像體毛無法掩蓋膚色。有豐富想像力的人或許會認為，胸脯與腹部代表生命，生命恰好生在這種地方，證明了造化之神奇！但實際上，只不過是那裡地形比較平坦，更易於植物生長而已。

根據觀景亭旁的告示牌，這玄武岩被稱為「望夫石」。傳說很久以前，有位漁夫出海捕魚後便失蹤了。他懷孕的妻子懷著思念，天天到海邊等待，盼望丈夫早日歸來。然而，出海捕魚怎麼會連續好幾天不回來呢？或許妻子心裡也明白，丈夫可能遭遇海難，再也不會回來了。即便如此，她仍然堅持每天等待，直至力竭倒下，化作岩石。

在化為岩石前，那位婦女的心境到底如何？海風每天吹拂她的臉頰，烈日炙烤她的肌膚，她的皮膚是否因鹽分而龜裂，就像她的心一樣？即使充滿期盼和思念，這位婦女也許像岩石一般沉默，無人可以傾訴，這幾乎預示了她的命運——終將變成頑固的形態，成為忠誠和犧牲的象徵。

這樣的命運，可能早在千百年前就已開始。

## 典型傳說的探源

「望夫石」作為一種傳說類，最早可見於曹丕的《列異傳》——這位三國時代的魏國皇帝對鬼怪故事的興趣，頗令人意外。據其記載，武昌的一座山上有個望夫石，形狀似站立的人，據說是有位貞婦的丈夫從軍出征，她帶著孩子來到山上送行，就這樣站在那裡，最終化為石頭。

這是不是最早的望夫石傳說？不得而知。有學者認為「望夫石」的故事可追溯到大禹的妻子塗山女。相傳禹在治水時期告訴妻子，聽到鼓聲便送飯來。一日，他化身巨熊開鑿山壁，不慎擊中鼓，發出鼓聲，塗山女送飯來時，看到巨熊，便驚恐逃跑。禹追趕妻子，忘了自己還是熊的模樣，最後妻子逃無可逃，嚇到變成石頭。見此情景，禹想起妻子還有身孕，居然向石頭大喊「還我孩子」——彷彿對妻子毫無感情——結果石頭裂開，生出他們的兒子，啟。

如果這是望夫石傳說的原型，那後世的版本似乎單調、遜色不少。在中國，望夫石的故事非常普遍，幾乎到處都是。如果將等待看作一種純情，這現代依然能夠理解。但《列異傳》用了「貞婦」這一詞，這就頗有意思了。一心等待丈夫的婦女確實可以稱為「貞」，但「貞」更常用於丈夫去世後的不改嫁，不改嫁的婦女死後會得到「貞節牌坊」，在舊時代，這可是個榮耀。在丈夫出征，幾乎可能與國家共同滅亡，再也不會回來的背景下，為何特別強調妻子的「貞節」？這似乎隱含著深意。

譬如，為何貞婦帶著孩子化作石頭，會被視為值得讚揚的行為？將孩子撫養成人，不也是偉大的事嗎？望夫石的故事彷彿只停在最悲傷、淒美的瞬間，不給未來留下任何餘地。雖然只是胡思亂想，這或許是一種無奈的選擇：沒有能力獨自生活，又不願再嫁的妻子，甚至連撫養孩子都有困難，最終只能在丈夫離去的地方，帶著孩子一同結束生命。透過拒絕未來，將當下永遠地定格。這種選擇之所以值得讚美，可能是因為「貞節」被視為美德，比起將妻兒交與他人，還不如讓他們在「貞節」的榮光中消逝——

當然，這只是我的想像，沒什麼根據。不過香港也有望夫石傳說，某個家庭因農災陷入困境，丈夫不得不出海謀生，結果一去不返。妻子和兩個孩子苦苦等待，最終一同化為石頭。看到這樣的故事，我不禁想，如果生計艱難，哪還有心思和時間去丈夫離去的地方等待？這顯示望夫石的傳說不僅是夫妻間的事，隨著「化為石」一起凝固、凍結的，是整個家庭的無能為力。

實際上，「望夫石」是唐詩中的常見題材，被援引時，也通常隱含著「貞節」的意象。女子化為石頭，這種堅固、不易變化的物質，也讓人聯想到堅貞不移。畢竟，我們今天所見的山脈，怎麼可能不是從千百年前就已經長成那樣的？因此除了癡情等待的浪漫外，望夫石的傳說也承載著某種道德要求，既是永恆的誓言，也是無止境的苛刻束縛。

## 官版的單調敘事

雖然如此，七美的望夫石真的只是這種貞女故事嗎？據學者彭衍綸的考察，最初在澎湖並無「望夫石」之稱，而是被叫做「石人」。這簡樸的名稱暗示截然不同的神話解釋；某位懷孕婦女變成石頭，不一定是在等待丈夫，甚至她可能不是凡人，而是神女。那麼，為何現在被稱為「望夫石」呢？

有種說法是，為了推廣旅遊，管理機構將其他地方的傳說套用於此。如此一來，傳說的可能性就被官方版本縮限了。當然，當地人會根據官方版本再製出自己的版本吧！丈夫出海捕魚遇難的故事，也符合七美島民的生命經驗。但敘事的單一化，是否抹除了民間原有的活力呢？若是，不得不說頗為可惜。

面對這看似孕婦的玄武岩，或許我們可以打破官方的藩籬，想像出不同的故事吧。它可能不是悲劇，主人公或許擁有幸福的未來——畢竟，想像力是沒有極限的。在海浪的聲音中，湛藍的海水洗刷著歲月，而石人的表情究竟是悲傷還是微笑，也許就取決於我們的一念之間。

# 第二站——白沙嶼、西嶼

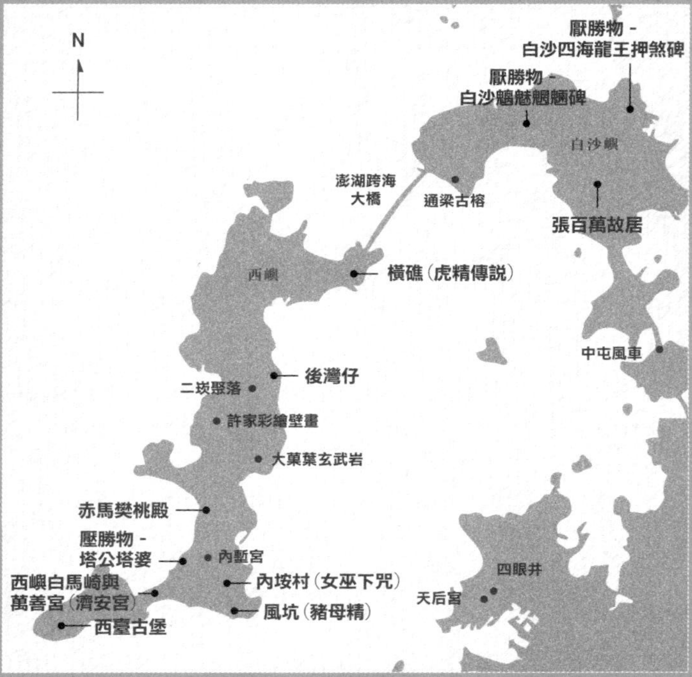
N
厭勝物 -
白沙四海龍王押煞碑
厭勝物 -
白沙魑魅魍魎碑
白沙嶼
澎湖跨海
大橋
通梁古榕
張百萬故居
西嶼
橫礁（虎精傳說）
中屯風車
後灣仔
二崁聚落
許家彩繪壁畫
大菓葉玄武岩
赤馬樊桃殿
壓勝物 -
塔公塔婆
內塹宮
西嶼白馬崎與
萬善宮（濟安宮）
內垵村（女巫下咒）
風坑（豬母精）
西臺古堡
四眼井
天后宮

以一座「澎湖跨海大橋」相連的白沙、西嶼二鄉，由於和本島的馬公市繞澎湖灣串連成圈，觀光業者索性將本島到西嶼沿線景點組成「北環（島）線」，旅人從馬公出發，可一路拜訪許家彩繪壁畫、中屯風車、通梁古榕，跨橋來到二崁聚落、西臺古堡、大菓葉玄武岩等景點；要是再加上工作室踏查幽靜村落而覓得的「精怪傳奇景點」，在白馬精、虎精、龜精、蛇精、女巫、查某佛、軍隊亡魂的故事烘托下，保證讓你的北環線增添其他人沒有的驚奇感（和涼颼颼的體感）——

位在白沙瓦硐村、有著紅瓦燕尾的張百萬故居。

位在西嶼西邊的軍事古蹟「西臺古堡」，已有三百多年歷史。

前往虎頭山尋找虎精途中，發現「五營」小廟旁的「竹符」。

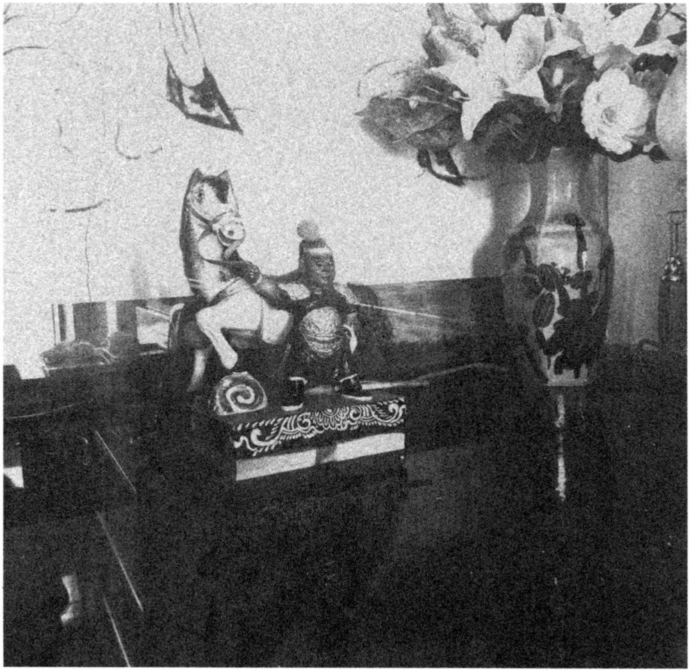

濟安宮（萬善爺廟）內供奉的白馬郎君和他的白馬座騎。

沿著西堡壘外圍舊營區的大樹旁步道，踏查風坑豬母精傳說的發源地。

曾被龜蛇二精鮮血染紅的後灣仔海岸。

# 張百萬故居——
# 全澎首富的奇聞軼事

文・高珮芸

張百萬家因故惹上風水師，被風水師報復使計，敗壞原本家裡的風水地理，導致家運大幅衰落，百年後，張百萬之名就只留在傳說中了。

在澎湖，有個生平充滿各種奇妙故事的有錢人，他的名字聽起來也很有錢，叫做「張百萬」。

不過張百萬其實不叫張百萬，他的本名為張隱，在明末來到澎湖定居，原本也只是個捕魚為生的漁民，卻在商貿上經營有成，到清代時甚至貴為全澎首富。張百萬與澎湖第一位進士蔡廷蘭相似，因為地位特別、知名度高，很多傳說故事就逐漸穿鑿附會其上。

但奇妙的是，張百萬本人幾乎沒有在官方文件中的記述，僅能從後代子孫的紀錄中一窺可能的故事。在民間故事中總是不乏有錢人如何一夕致富的傳說，傳說張百萬早年在捕魚之餘，途經一座名為「金嶼」的無人島，在島上發現一些方形的岩石，他撿了一大堆回來堆圍牆、建雞舍，後來被路過的江湖術士發現為「烏金石」，有一說是氧化變黑的黃金，其來由可能是荷蘭商船、海盜等遺落的寶藏，總之張百萬轉賣後，即賺了一大筆錢。

後來張百萬開始經營航船生意，也有了自己的船隊，據說最多有十幾艘船來往鹿港與閩南、廈門交易，俗話用「龜仔船十三隻」來稱呼他所擁有的船隻之多，同時他也在鹿港置產，累積了大量的財富。

## 氣派依舊的紅瓦厝

我們今天要前往的是張百萬過去位在白沙瓦硐村的故居，雖然說是富商的故居，但目前也僅存留一小間建築了。騎著機車順著大路轉入小道，在村落複雜的道路中，沒想到居然有一小面指標！還是手繪的，也許是張百萬的後代們因為家中有著名人物，所以特別引導來訪者嗎？

張百萬故居所在之村被稱為「瓦硐」，即來自張百萬家屋頂上的少見紅色屋瓦。他的孫輩曾於康熙年間協助朝廷平定「朱一貴事件」，張百萬三代還曾被追封為「懷遠將軍」，風光一時，後來其孫張啟璋便決定搬遷到瓦硐此地蓋祖廟和大屋。據說當年蓋屋時，張家特別請地理師設計了「八馬拖車」的格局，蓋了左四落、右四落的八落大厝，呼應著商人貿易熙來攘往的繁榮景象，但因後來子孫開枝散葉，留在澎湖的後代不多，到日治時期已經家道中落。

傳說中，在房舍建成後，張百萬家因故惹上風水師，被風水師報復使計，誤導張家在房舍後增建一間小倉庫，在風水上成為「九犬分屍」之態，敗壞原本家裡的風水地理，導致家運大幅衰落，百年後，張百萬之名就只留在傳說中了。

循著指標，我們彎進小巷，一間有著燕尾的紅瓦祠堂坐落其中，旁邊還有幾落房舍。咾咕石砌成的圍牆內有座小庭院，噴泉早已枯乾，但不減其氣派。在之前的紀錄中，曾提到張百萬故居目前作為祠堂使用，但我們來到此地時，只見鐵門深鎖，左右張望都沒見到人影。據說祠堂中仍有當年清朝皇帝冊封的「懷遠將軍」匾額，但看來並未對外開放，我們只得在周圍繞繞，欣賞這維持得不錯的豪宅，便決定離開往下一個有關張百萬故事發生的所在。

## 有錢人的「吼門瘋狂大車拼」

離開白沙瓦硐的張百萬故居後，我們繼續往西嶼前進。白沙和西嶼之間唯一的道路連結，就是澎湖跨海大橋。今天陽光灼熱，我們奔馳在又長又直的跨海大橋上，狂亂的風襲擊著我們，簡直想把我們的機車吹落橋下。

跨海大橋之下就是白沙與西嶼之間的「吼門水道」，深靛色的海水以極快的速度流過狹窄的水道，在澎湖有一句關於海域險惡的諺語：「一礁、二吼、三西流、四鵝豆頭、五潭門、六東吉。」，「二吼」即是吼門水道，是澎湖水道第二險。

然而，在這湍急險惡的水域，卻有個人想與張百萬比拼誰比較有錢。

來自白沙小赤村的呂石硔，因為張百萬家生意太好，運貨的牛車從早到晚都經過他門前，覺得生活受到打擾，於是一狀告官想討回公道。呂石硓也不是普通人，呂家曾經出過好幾個秀才，是地方重要仕紳，但另一方是全澎首富的張百萬家，官府兩邊都不想得罪。

見爭執無法平息，雙方便相約到吼門水道丟銀錠比輸贏，誰的銀子先沒了就誰輸。想來也荒謬，到底誰的錢會多到可以填海呢？這個故事有多種變體，其中一個有趣的說法是呂家暗施巧計，把龍銀串成一串，但只有頭尾是真的，中間都是假龍銀，儘管如此，結局卻是呂家已經扔完所有銀子了，但張百萬家的銀子還一車一車地送來。

到底為什麼要選在這個地方競技誰比誰有錢呢？實在是搞不懂有錢人的想法。後來看到有些說法認為，吼門水道是澎湖內海與外海聯通的重要出口，但海象不穩、暗流和暗礁眾多，導致不少船隻曾經在此遭遇海難，而也有些漁民曾於此處撈到古代錢幣、龍銀等等，因此就穿鑿附會出這場發生在吼門水道的比拼。

若是這樣，不禁讓人好奇，吼門水道底下可能沉滿銀錠嗎？如果真有人能潛入海底進行水下考古，或許便能驗證傳說的真實性也說不定。

關於張百萬的故事，有不少版本和變體，在此實難一一列舉，只能節錄部分讓讀者們能夠一窺這位生平充滿傳說色彩的有錢人的故事了。

# 西臺古堡——莫打擾安息的戰場英靈

文・林祉均

西臺古堡中有一個鬼門，在農曆七月半鬼門會打開，放出許多鬼怪，八字輕的人如果去西臺古堡的鬼門處，能看見鬼怪現身。

「噠噠噠……」交錯響起的腳步聲在古堡裡迴盪，愈接近深處，愈能感覺到一種莫名的壓迫感。想一探究竟的好奇心，終究還是勝過回頭走出古堡的想法，秉持著考察的精神，鼓起勇氣與夥伴一起繼續走下去。

外頭的太陽亮得睜不開眼，只有些許的微光從窗口透進隧道，依循光線指引走到盡頭，眾多隔間似乎是以前的彈藥庫與兵房。如果不小心拐進去了，應該會找不到來時路，才心生這個念頭，一恍神就和夥伴走散了。

到底是在那個轉彎處才能走回原點呢？平日週一的西臺古堡園區空蕩蕩的，只有我和夥伴兩人，在只剩我獨自一人的情況下，不敢繼續待在黑暗的隧道裡尋找夥伴，只能先走到陽光充足的戶外砲臺。在陽光的照耀下，隧道裡的壓迫感隨即消散，不一會便看見夥伴的身影，出現在砲臺的另一側。

後來才知道，迷失在西臺古堡錯綜複雜的通道中，是常有的事，來此地探勘的軍人、夜遊試膽的大學生、慕名而來的觀光客等，都在西臺古堡中有類似的神祕經驗。畢竟西臺古堡原先的設計是保衛國土的軍事需求，四通八達的通道在分秒必爭的戰場上，能給予即時的彈藥補給與人員調度，成功擊發出一次次猛烈的砲擊，守護家園。

## 歷經三百年的軍事古蹟

西臺古堡是建立於明永曆三十五年（西元一六八一年），與東臺古堡一同興建，東西兩砲臺攜手防衛澎湖西側與西南側的海域。當時清朝的水師提督施琅率領艦隊要攻打澎湖，明鄭時期的將領劉國軒為了抵抗施琅的艦隊，建造了東西兩處砲臺。

後來清朝占領澎湖後，清康熙五十六年（一七一七年）重修當時遺留下來的西臺與東臺，繼續作為防禦使用。到了光緒九年（一八八三年）清法戰爭爆發，法國將領孤拔率軍攻打澎湖，當時的臺灣巡撫劉銘傳命令總兵吳宏洛在光緒十三年（一八八七年）重建東、西兩砲臺。在建造的同時，劉銘傳向英商怡和洋行訂購阿姆斯脫朗後膛礮共三十一臺，讓西嶼砲臺成為清末時期火力最強的一座砲臺。直到現在，到訪西臺古堡，仍能看見復刻仿造的大砲正指向外海的方向。

後來，經歷西元一八九五年的清日乙未戰役，日本軍隊接手修建配備多種砲門。西元一九一四年第一次世界大戰爆發時，日軍盤點在澎湖的軍力與軍事設備，將「西嶼西堡壘」改名成「西砲臺」，裝備了六門榴彈砲。西臺古堡面臨的最後一場戰役，是第二次世界大戰的太平洋戰爭，美軍當時採用跳島作戰，在菲律賓打了勝仗後，跳過臺澎地區，直衝日本國內領土沖繩，西臺古堡並未與美軍正面交鋒，得以保留至今。

西臺與東臺古堡自從建造以來，已有三百多年的歷史，見證了澎湖近代的戰爭史，也因為經歷過數次大小戰役，無數來自國內外的軍魂葬身於此，進而有許多傳說應運而生。

東、西臺古堡在過往主要作為軍事用途，與軍人相關的傳說最廣為流傳。《澎湖民間傳說故事》中記載：西臺古堡中有一個鬼門，在農曆七月半鬼門會打開，放出許多鬼怪，八字輕的人如果去西臺古堡的鬼門處，能看見鬼怪現身。除了鬼門以外，有軍人說在西臺古堡中看見又粗又大的蛇，有著驚人外觀的蛇並沒有傷害軍人，推測是到古堡中修行的蛇。

從上述的傳說推測，自從西臺古臺不再作為軍事使用後，有閒置過一段時間，像蛇這類的動物可能就會躲在古堡隧道中長年不見天日的角落中，被來巡邏的軍人發現。而鬼門的傳說，也可能是因為此地傷亡的軍魂眾多，在農曆七月鬼門開時，有體質的人就有可能看見這群英靈。

### 掉進靈異時空的GPS

除了西臺古堡有故事，在曾為管制區的東臺古堡，也有軍人相關的靈異傳說。二〇〇九年時，在PTT marvel版上有網友以親身經歷發文，網友的身分是職業軍人，接到長官的電話要他去支援東臺古堡等地固安作戰計劃編修，並且製作戰備手板。

這兩項任務需要研判軍圖、確認部屬位置座標，當時GPS還不普遍，甚至要用指北針算座標方位。網友自掏腰包花了三萬塊買下一台GPS定位儀器，能定位出所在位置的座標，而網友在古堡中發生的故事主角就是這台GPS。

那天網友要探勘的地點是當時還是管制區的東臺古堡，一走進古堡後，在八月盛夏卻感覺到與季節不符的陰冷，進入坑道走到古堡中央拿出GPS，卻怎樣都測不到訊號。網友當下詢問了在古堡外的作戰官，借用他的GPS測試，但一拿進古堡中也一樣沒有訊號，只好土法煉鋼使用地圖和指北針，沒想到連指針也失靈不停轉動，同時，連網友身旁的九〇高砲都晃動起來，隨即聽到「嘿嘿嘿」的竊笑，循著聲音回頭一看，坑道口站著露出詭異微笑的年輕人，下一秒就消失在視線中。

網友走出古堡後，古堡外的作戰官已等了他兩個小時，進去找過他但沒找到，網友表示他就在九〇高砲旁，作戰官錯愕地表示九〇高砲在十年前就撤掉了，為了證明這兩小時沒有摸魚，網友想從口袋中掏出軍圖，卻摸到了燒到剩一半的冥紙。

是過去已逝的老學長對學弟的惡作劇？還是網友踏入東臺古堡的幻象中？GPS雖失去訊號，但網友卻與另一個世界對上了訊號，幸好這位網友的親身經歷只是無傷大雅的惡作劇，但以嬉鬧的態度面對的話，可能會為自己帶來慘痛的教訓。

**慎防打擾軍魂**

在Facebook社團「靈異公社」，有一位網友在二〇一九年發文分享曾有大學生迎新夜遊時，去了西臺古堡。雖然事先已被警告不要晚上去，但大學生們仍不聽勸告，一行人拿著手電筒喧嘩著開玩笑走進去，在夜遊的過程中恍惚看見了另一個世界的靈體。回程的路上，三輛摩托車都出了車禍，參與夜遊的大學生們精神狀態極差，直到天亮了趕緊到廟中請師父收驚，最後得到了教訓才解決。

西臺古堡與東臺古堡因為殘酷的戰爭，許多英靈軍魂殞命於此地，抱持著嬉鬧的態度在本就不開放的時間前往，打擾到軍魂的安寧，受到這樣的警告和教訓，希望人們能學會彼此尊重，了解到凡事都有不該逾越的界線。

矗立於澎湖西嶼的兩座古堡，經歷三百多年的時光，戍守著澎湖西側海域的平安，也見證了歷史洪流中戰爭的殘酷，讓處在相較之下太平世代的我們，更珍惜和平的可貴。兩座古堡的開放時間都在白天，想一睹古砲臺的歷史風光，請對過去守護島嶼的英靈抱持敬畏之心前來遊訪。

# 內垵村——
# 女巫下咒與「查某佛」

對人下咒在過去的年代不是祕密，巫術盛行的時期，其他村落的人不敢踏進內垵村，怕一不小心就被下了咒法身體不適……

文・林祉均

「聽我奶奶說，內垵村有女巫下咒的傳說。」

那天午後，在「內塹宮」後方的洪莉琪老師家中，與她和她的內垵村友人們訪談時，在一則則故事穿梭間偶然聽到了女巫下咒的傳說。

為什麼村子裡會有下咒的傳說？原因和內垵村居民的生計息息相關。內垵村位於澎湖西嶼，在清朝時名為「內塹」，意思是地勢低窪處，因內垵村地形為起伏的丘陵，此地恰好形成一個天然的壕溝。到日治時期才改名為「內垵」，「垵」在閩南語中有「港灣」之意，村落靠近西嶼東側內海沿岸，三面環海的地理環境，使得內垵村歷代居民大多以漁業維生。

在過去，船隻航行與捕撈技術不如現代進步，出一次海可能就是一趟有去無回的賭注，但一次出海的豐收就能支撐好一陣子的家計，使得居民仍願出海捕魚。大海的資源有限加上早年物資匱乏，內垵村居民大多都從事漁業，難免會有競爭漁獲資源的情況，如果有村民因為身體出狀況或發生意外，導致無法出海捕魚，那其他船家出一次海或許就能有更多收穫，以生計考量為出發點，成為盛行巫術的主要原因。

施展咒法的方法是對著房子跳巫術的舞，住在房子裡的人就會被施法，身體不舒服，無法出海捕魚，其他人就能競爭到更多漁獲資源，讓生活更加寬裕。這樣的黑魔法是可以代代相傳的，傳承的對象以女性居多，所以大部分使用巫術的都是女巫。

對人下咒在過去的年代不是祕密，巫術盛行的時期，其他村落的人不敢踏進內垵村，怕一不小心就被下了咒法身體不適。但神奇的是，內垵村鄰里間大家其實都知道女巫是誰，也會留心迴避並避免得罪女巫。

## 為早夭者代言的「查某佛」

在內垵村中女性施展超自然術法的陰性力量，不只出現在能對人下咒的女巫，為早夭者代言代行的「查某佛」也是內垵村流傳的傳說。

查某佛不同於女巫，女巫下咒害人是因為艱困環境下謀求生計，而查某佛的出現則是因為亡者有話想傳達給生者，還有未盡的事想做。查某佛也有被稱為女性的乩童，只是乩童是被神明附身傳達旨意，而查某佛則是被自家家族中的早夭親人附身，為祂們傳達訊息。

在《澎湖縣志》宗教志的記載，早夭的亡者若得到玉皇大帝的敕封，會成為有牌有印的靈體，透過對家人作祟讓他們得知此情況，好為祂們設立牌位或是雕塑金身在家中神龕，祂們還能指定其中一位女性家族成員，成為在陽世間的代言人。

內垵村中的查某佛傳說，是自稱為「太子」的神靈，附身在查某佛身上。這位自稱太子的神靈是該查某佛的七歲早夭兒子，過世多年後作祟附身在母親身上。附身後，這位婦人全身顫抖、心悸、四處狂走，在被附身時行為異常並不知飢餓口渴，過了兩個月後，由於婦人身體狀況受到劇烈的影響，瘦得不成人形只能扶牆行走，最後到內垵村的信仰中心內塹宮求助，在廟中的「老爺公」指引下，才知道身體劇烈的異常是因為逝世多年的兒子附身，附身的原因是兒子要透過查某佛來救世。

早夭的靈魂有許多未盡的心願，透過血脈相承的親人得以傳達話語、了結心願，而查某佛本身除了成為過世親人與陽世間溝通的橋樑，也能一解失去親人的傷痛，用另一種方式陪伴早夭的親人，甚至是透過早夭亡者的力量，查某佛還能幫助來問事求醫的鄰里村民。

## 陰性力量的強大展現

除了在內垵村，查某佛的事蹟在澎湖各村莊和金門地區都有案例，早期醫療不發達的年代，在村莊裡生病要求醫、想問事的需求，都能透過神靈附身的查某佛來提供指示和解答。如今隨著老一輩查某佛的凋零，臺灣離島地區查某佛的盛況不再，但依循流傳下來的紀錄，讓現代的我們能一窺過往查某佛的事蹟。

內垵村現在約有一千四百多位村民居住於此，女巫下咒與查某佛的傳說，已成為老一輩記憶中的故事，下一代的年輕人則透過阿公阿嬤的口中，得知村莊裡過往發生的傳說。過去因討海生活凶險，內垵村對於另一個世界的連結特別敏感，女性的陰性力量，既能幻化為害人身體不適的咒法，也能變成幫助人問事求醫的媒介，端看如何使用如此神祕且強大的力量。

不知道如今的內垵村是否還有代代相傳的女巫和查某佛的蹤跡？對於流傳下來的傳說，抱持著敬畏的態度去面對，就能試圖去了解過去曾發生的事跡，並將故事繼續流傳到未來吧。

# 橫礁村──
# 虎頭山虎精傳說

文．高珮芸

往山丘的小路蜿蜒，但尚未到山頂，這條路已幾乎要到盡頭，想著該掉頭返回時，我們注意到在路邊的水泥台上，一個形似紅磚砌成的井中，插著幾根綁紅布的竹管……

在西嶼的「橫礁村」曾有虎精肆虐的傳說。

橫礁位在西嶼的東北角落，也是通過跨海大橋後會看到的頭幾個村落，夾在海和山之間，現在這裡有座安靜的漁港，以及一條長長綿延的沙灘。在村對面則是座山丘，現已滿布低矮樹林。

在傳說中，那座山過去是隻老虎精，夜裡老虎精會來村莊中搗亂，甚至吃人，造成村人受不了騷擾而搬離橫礁村。但村人陸續搬離也不是辦法，後來有人夢見土地公，托夢要村人在山腳下挖一大洞灌水，當老虎精口渴下山喝水時，就把牠打死。

村人半信半疑，挖了一個洞在山下，日夜派人守候，真見到有一隻老虎下山飲水。眾人一哄而上，亂棒伺候就把老虎精打死了。因為土地公托夢靈驗，村內也就開始祭拜土地公。

在許玉河老師的〈橫礁舊事〉一文中，也提到過去橫礁有一側龍、一側為虎的地理傳說，西南方的小丘過去岩壁裸露，曾有形似虎頭的想像，而山頂的綠樹則是老虎的毛髮，山腳下一窪水池則稱「虎之泉」。澎湖理應沒有老虎，但有不少以「虎」為名的地方和傳說，或許在這裡能夠找到一些關於傳說的線索。

## 山腳下的神秘竹符

我們在午後來到橫礁這個小村落，機車喧鬧的油門聲打破了寧靜，在九月的烈日照耀下，路上空無一人。連橫礁的信仰中心「五天宮」外，也沒有村人駐足或聊天。所以我們再沿著窄小的巷子往海邊騎，眼前是一處空曠的小型港口，可能是出海捕魚尚未返航，漁船稀稀落落，除了些許海浪拍打在水泥堤岸上的聲響，再無其他聲音。

從漁港往西眺望，就能見到可能是虎精爬下的山頭，在這地勢平坦的澎湖，說是山，還比較像是個突起的岩丘。

故事中，村莊備受肆虐時，土地公現身給予指示。我們在村裡繞繞，正納悶哪裡才是故事中說的土地公廟，只見漁港邊有座小小的土地公祠，但小廟內沒有文書資料，也難以考究何時建廟，是否是傳說中的土地公呢？於是我們決定先往虎精盤據的山頭出發，或許還能找到虎之泉的跡象。

往山丘的小路蜿蜒，但尚未到山頂，這條路已幾乎要到盡頭，想著該掉頭返回時，我們注意到在路邊的水泥台上，一個形似紅磚砌成的井中，插著幾根綁紅布的竹管。

在這幾日的行程中，我們常見到澎湖路邊有一座一座的石造小廟，插在地上的竹管還用奔放的字跡畫著有如道符的文字。這種小廟稱為「五營」，而插著的竹管則稱為「竹符」。在民間信仰中，可以想像五營是一道無形的結界，為了保護鄉里安全，不被外界侵擾，神明攜帶的兵將分別駐守在城鎮的東南西北中五個方位。但五營因村落不同而存在著不同的形制，最早期的形制就是竹符，在竹竿頂端綁布，並寫上符文插在地上。有些如小廟，裡面可能放置了神祇兵將的塑像。

## 精怪轉型守護神？

若只是尋常的五營，倒也不會引起我們的注意，但在虎頭山腳下的竹符上，卻用毛筆大大地寫著「黑虎大將軍押鎮」和「白虎大將軍押鎮」的符咒。五營為神明兵馬，在山腳下找到五營符，巧合到讓我有些驚訝，竹筒上面寫著的黑虎大將軍和白虎大將軍，是否與虎精相關呢？讓人也不禁聯想：有沒有可能老虎精後來沒被殺死，而是被收為神明的手下，反而得擔負守護橫礁此地的職責也說不定呢。

精怪被神明收服後，跟在神明身邊修行，不算是少見的傳說。例如媽祖身邊的千里眼與順風耳，過去皆為精怪，卻在媽祖神威之下，收服成身邊的幫手。但伊能嘉矩也曾記錄：澎湖過去曾有貓精趁神明出門時，偽裝成神明唬弄村裡的人以享香火，後來被歸來的神明發現，雙方大戰一番後，將貓精逮住直接下油鍋炸死的傳說。因此，精怪被神明擊敗後，能否成為鄉里的守護神，想想也挺需要緣分與改過向善之心的。

在虎山腳下，因為所見之處都被矮灌木所掩蓋，沒找到泉水的蹤跡，我們決定再往前繞至往虎頭山頂的新設步道，步道的入口有座寫著「西嶼」的地標石，是很明顯的路標。這條登山步道不長，登上山頂眺望的景色仍算不錯。雖然沒找到故事中的地點，橫礁也久無老虎精肆虐的傳說，但或許就在老虎精化為黑白虎將軍的守護下，讓橫礁保留了如此安靜的氛圍也說不定。

## 白馬崎與濟安宮——守護鄉里的白馬郎君

文·林祉均

白馬奮力上岸後，只看見主人的鞋子，沒找到主人的白馬，轉向汪洋走去，試圖救起溺水的主人，但最後白馬仍葬身海中隨主人而去。

看著眼前這條兩側的草都快比人高的蜿蜒小徑，為了探訪「白馬傳說」，一路騎機車向上往小坡前進，沿途人煙稀少，道路的盡頭就是濟安宮（萬善爺廟），往左側看過去是一望無際的湛藍海景。

站在濟安宮的廟埕邊，仔細觀看現今的海岸線，已難看出《澎湖民間傳說故事》記載中形似白馬的沙灘樣貌。走進廟宇中空無一人，雖無人可問，但抬頭看見右側陪祀的神祇，穿著官服的紅面神官右手牽著一匹白馬，這尊神明是騎馬將軍（白馬郎君）。雖然廟外矗立的碑文已風化至無可辨認的程度，海岸線也已難看出白馬的形狀，但一走進濟安宮，看見白馬郎君的當下便能發現傳說的蹤影。

濟安宮在臨海的小山坡上，所在的內垵村外海風勢強勁，海浪洶湧，自古以來發生過多起船難。其中一起發生在九月，清朝官兵和他們的白馬坐騎為了賑災搭乘船隻而來，不巧當天颳起了颱風，狂風暴雨襲來，讓船隻翻覆在海面上，一百二十多位官兵盡數溺斃於海中，只剩下其中一位官爺的白馬倖存。白馬奮力上岸後只看見主人的鞋子，沒找到主人的白馬，轉向汪洋走去，試圖救起溺水的主人，但最後白馬仍葬身海中隨主人而去。後來村民找到白馬的屍體，連同罹難的官兵們一起安葬在這處山坡上，悼念這匹有靈性的白馬忠誠殉主的精神，從此，山坡被稱為「白馬崎」。

這起船難的罹難者和白馬共同埋葬的山坡處，建造了廟宇以慰亡靈。過去名為「西嶼義祠」，現在改稱為「濟安宮」。在廟宇落成後，根據《澎湖民間傳說故事》記載，每天晚上會有一盞紅燈籠在內垵往外垵的路上飄蕩巡邏，說是罹難官兵顯靈，為了報答安葬的恩情，守護內垵鄉里的安寧，指引在海面上迷失方向的漁船。在紅燈出現的地方也能看見白馬奔騰的蹤影，殉主的白馬在另一個世界，仍跟隨著主人在內垵守護鄉里。

## 沙灘上消失的白馬形跡

白馬崎這一處面海廣闊的山坡地形，也被風水師認為是一處很好的風水穴，土壤的顏色是特殊的淺色，亡者如果埋葬在白馬穴的話，後代會出達官貴人。這樣的傳言被其他村的村民知道後，便故意找人來破風水，土壤從原本的淺色變回一般的顏色。白馬穴的風水除了被其他村村民破壞，相傳國軍來此地駐守時，在白馬穴肚子處挖了一口井，流出來的水竟然是鮮紅色，就像白馬被開膛破肚流出的血液。因為從白馬穴的腹部鑿井，破了風水，過去天明前的凌晨四、五點，人們偶會聽到馬蹄和嘶鳴，自從白馬穴破風水後，便再也沒有聽到了。

從供奉清朝官兵罹難者與白馬的義祠、形似白馬形狀的沙灘、白馬報恩守護的紅燈籠，一直到近代國軍駐守挖井而破除的白馬穴風水，長久流傳下來的傳說，見證了內垵臨海山坡上的歷史與山海地景的變遷，也反映白馬傳說與內垵村和在地村民的互動。在訪問內垵村居民時，人們多少都有聽過白馬崎的白馬傳說。我們也從在地人口中了解到，現今沙灘之所以看不出白馬樣態，是因為後來建造了港口，海岸線有了變化，所以如今站在濟安宮的山坡往下看，海岸線已難以看出白馬的形跡。

## 忠誠有靈的伴侶動物

白馬殉主的傳說，不只發生在內垵，七美東北的海崖邊，有一處名為「白馬坡」的公園，一走近就能看見醒目的紅葫蘆與白馬塑像，此處也有與內垵白馬殉主相似的傳說。

從前有位將軍帶領士兵和心愛的白馬搭船，行經七美海域時，船隻因暴風雨撞到石礁而擱淺，船上的將軍與士兵紛紛殞命，只有將軍的白馬奮力游到岸上，發現只有自己倖存時，返回海中想救出主人，但最終也不幸喪生。據說白馬塑像旁的紅葫蘆塑像，是描繪當時白馬咬著纏上紅線的葫蘆拋向海中，想將主人拉回岸邊，可惜仍不敵大海，最終雙雙身亡。

當時事發地附近的白馬坡，也被稱為「白馬公園」，沒有特別立廟祭祀，但能看見白馬塑像旁設置了案頭，在固定的時間點會舉行祭祀儀式；塑像旁也立了白馬傳說的告示牌，供來訪的人們了解這則白馬殉主的忠勇故事。

除了傳說內容與內垵相似，白馬傳說的發生地擁有好風水這點也如出一轍。白馬塑像被認為是座石敢當，用來鎮守七美鄉重要的水脈，紅色的龍珠則能堵住排水口，有鎮水鎖財庫的風水意義。也有人認為：白馬、葫蘆與龍珠組成了一道風水牆，讓雨水匯流在塑像處，龍珠擋住出水口，達到蓄水功能，在風水則意味鎖住財庫，同時有利於當地的水土保持，具保護自然環境的意義，可以說是一舉數得。

內垵與七美兩地相似的白馬傳說，可能是因為兩地都靠海，且過去是進入島嶼的重要航道，但因海勢凶險，容易在暴風雨時觸礁翻覆，在發生多起船難後，清朝官兵作為交通工具的坐騎白馬，便成為了傳說中的主角。此外，白馬在民俗上被認為是有靈性的動物，除了澎湖以外，馬祖有「白馬尊王廟」、嘉義有同樣紀念忠心為主的「白馬亭」、而雲林則是有「白馬山菩提講堂」……與白馬相關的故事在臺灣各地都能看見。

過去作為人類的坐騎、方便移動的交通工具，人與馬之間建立的緊密情感，致使許多白馬傳說流傳至今，也可一窺過去人們的生活以及與動物互動的情誼，加上對海難的忌憚與紀念，造就了白馬崎、白馬坡等以「忠誠有靈」為核心的澎湖傳說。

# 風坑豬母精——殞命女子的化身

文・青悠

用來貶低女性的「母豬」一詞，一直含有性羞辱的意思。西嶼豬母精故事中的公媳矛盾，即使不往最醜惡的方向解讀，也是冒犯身體界線而產生的衝突。

在澎湖的最後一天，我和工作室夥伴決定要去「風坑」看看。根據《臺灣地名辭書》，風坑位於「羊山」與「東埔」之間，是這兩個丘陵間的低地，地形就像是山的鞍部一樣，因為地低，剛好成為氣流的通道，因此才被稱作風坑。這一帶自清代以來是重要的軍事據點，留下不少堡壘、砲台等軍事設施，雖然現在已無駐軍，但遺留下的建築物經過整理，已規劃成了軍事文化園區，有空走上一趟，多少能遙想當年屬於軍事基地的肅穆氣氛。

不過我們要去風坑尋訪的故事「西嶼豬母精」，倒是與軍營無關。

《澎湖民間傳說故事》中有二則西嶼「豬母精」的故事，其中一則情節頗為詳盡，說是有位女子從大池嫁到了外垵村，因外垵村捕魚為業，下水捕魚難免打溼衣服，但早年經濟情況不佳，哪有那麼多衣服能換呢？於是家中公公總是不穿衣服，女子見此很不習慣，因此都躲在房間不敢出來。公公遂認為這女子不做家事卻待在房裡偷懶，很是不諒解，生氣地責罵她。女子覺得委屈，就對丈夫說要回娘家，走在路上愈想愈難過，最後連娘家都沒有回，就在風坑這個地方自殺了。過了好幾天，娘家與夫家都不見人，覺得奇怪，出來尋找，才終於在樹叢中發現女子的屍體。怪事不久後就發生了：埋葬那名女子之後，風坑附近一到傍晚就會出現一隻大豬母，遇到路人便會追逐啃咬，令人既困擾又害怕。

雖然沒有人親眼見到女子化為豬母精的過程，不過民間自有解釋：大家都說屍體沾到露水就會變成精怪，在外數天的女子屍體想必已歷經幾次露水洗禮了，變成豬母精也是合情合理吧——於是乎女子殞命的「風坑」，就成了妖怪「豬母精」誕生的地點。

## 風坑「原生」妖怪？

我們確認了大致地點，打算先前往「風坑口」——也就是風坑近海的那一邊，再往陸地方向走，於是在 Google 地圖選定了一條小路路口後，便騎著機車奔馳過去。到了目的地那條小路路口，出現在我們面前的是一條連鋪面都沒有的紅土路。那時是夏末，土路兩旁的的銀合歡林樹葉茂密，枝條雖沒有完全遮蔽天光，仍然使土路添上一分神祕的未知感。

這附近不是熱門觀光景點，我們停車，走上無人的土路，多少有點忐忑，走一陣子後便萌生了退意。不過勸退我們的倒不是不安的心情，而是蚊蟲與蛛網，我們沒預料到會直直走進大自然的懷抱，準備不足的情況下顯得狼狽不堪，到半路我們稍稍商量了一下，還是決定回頭。一方面實在是不敵蚊蟲，另一方面，那時突然想到：如果想要好好觀察風坑的地形，到一旁的高處往下望也是一個選擇吧？

我們將目標轉向建於羊山之上的西堡壘。在外圍舊營區的廣場處停了車，我們循著指標，走上了大榕樹旁的水泥路，往丘陵頂上的堡壘前進。比起剛才，這段水泥路可親了許多，兩旁有些榕樹，偶爾外展的枝葉搭出拱門狀的遮蔭，走在其中不怕熱昏了頭，只是銀合歡依舊過於茂盛，否則道路左側應該能眺望海洋才對。

路不長，走約五分鐘便抵達了西堡壘，只是我們無暇細看設施，匆匆走過，便找起往上的樓梯，就最終來到了一座金屬製的穹頂觀測所，從此處瞭望，總算能將附近的環境盡收眼底——

結果卻不如想像中海闊天空。主要原因仍是茂盛的銀合歡遮蔽了不少視野，即使登上觀測所的平台，仍然要踮著腳才能看到遠方。

我們還是努力拍了些照片。從此處看得見下凹的地形，西堡壘所在的羊山與對面的丘陵圍出了一塊谷地，又在臨海的那一側開了個偏窄的缺口。谷地裡可見幾座剛剛才經過的軍事建築，除此之外不少地方仍遍布雜樹，宛如一塊未經開發的荒野。其實這也在預料之中，畢竟附近沒有居民定居的聚落，長久以來又都是封閉的軍事據點，當然也就不會有太多人的痕跡。

總之植被蒼翠，海水湛藍，我們在上頭靜靜欣賞了一陣的自然風景，權作休息，一會兒就離開羊山，繼續下一個行程。風坑並不是什麼壯闊的景點，甚至有點像是刻板印象裡鬼魅橫行的野地，讓人卻步，然而風坑真的妖氣橫生嗎？可能不然。事實上，儘管豬母精在風坑出沒，但牠也許並不能算是真的在風坑誕生的妖怪。

## 豬母精的 #metoo

工作室後來曾討論過「豬母精」、「豬母鬼」這種妖怪。除卻真由母豬變成的豬母精不談，那些女性死後化成的豬母精，怎麼想都有一點奇怪。除了上述出現在風坑的豬母精，《澎湖民間傳說故事》另一則較簡單的故事，情節是女子受不了村人閒話，投海自盡，死後變成豬母鬼作弄路人；而雲林流傳一則更慘烈的豬母精故事，說的是一名女子遭受性暴力後死去，死後化作豬母鬼向加害人之一索命。奇怪的地方在於，人受委屈而死後找仇人報復的故事其實頗常見，許多女鬼索命的故事更是流傳甚廣。既然人死成鬼就能復仇了，偏偏選擇變作豬母的形象來作弄人，總覺得有點多此一舉。

工作室夥伴對此提出了有點恐怖的猜想。「性」在傳統社會中是諱莫如深的話題，而用來貶低女性的「母豬」一詞，則一直含有性羞辱的意思。西嶼豬母精故事中的公媳矛盾，即使不往最醜惡的方向解讀，也是冒犯身體界線而產生的衝突，在女子死去後，村人隨即傳言她變成了「豬母精」；而雲林採集的那則故事雖講明了性暴力事件，然而生了病的加害人原本不明所以，是直到求神問卜後才被診斷為「豬母鬼」纏身——

這簡直是對性的避諱加上譴責受害者的心理在雙重作祟啊。

若是夥伴的猜想為真，這些含冤而死的女性，直到死後仍被貶低蔑稱，實在太讓人不寒而慄了。

諷刺的是，西嶼豬母精故事還有後話。因為豬母精會追逐行人，大家感到畏懼，入夜後都不敢經過風坑。有位學過法術的土水師，自恃有點功力，不把豬母精放在眼裡，卻被豬母精追趕，一路逃到受王爺廟庇護的鄰村才逃過一劫，他心有不甘，隔天白天先設下了八卦陣當作陷阱，夜晚引豬母精走到陣中。豬母精也果真受困，在八卦陣裡逃不出來，最終等到天亮時被陽光照到，化為煙消散了。

妖怪被消滅，看似迎來了圓滿大結局。只是我總想，應該見光死的或許並不是豬母精，而是那些更加陰暗幽微的，製造出豬母精的意念啊。

# 後灣仔龜蛇二精——血染海水的悲戀

文·青悠

海盜欲從吼門海道入澎湖內海，每至晚間便迷失方向不得其門而入，考其因竟是龜、蛇二精夜間幽會攔阻其道，於是便毫不留情對準航道發射砲火……

所謂「後灣」、「後灣仔」指的是二崁村附近的一處海岸，大致位於現在二崁碼頭以北的區段。在過去，二崁村亦以石滬漁法捕魚，沿著海岸共有六座石滬，而此地的潮間帶就曾有一座，被稱作「後灣仔滬」，只是隨著村中產業、人口結構的變遷，現今早已荒廢不用了。

造訪後灣仔那時，我和工作室夥伴正從西嶼南端折返跨海大橋，因此路徑是由南向北，先經過了遊客眾多的大菓葉玄武岩，再經過二崁碼頭，又往北繼續騎行——

如此一來，理論上，我們就能抵達「後灣仔」才對。

作為傳統地名，「後灣」並無地標路牌來明文標示地界範圍，初來乍到的我們比對著老地圖與Google地圖的海岸線，觀察著景色與地貌——海水的顏色好像真的不太一樣？可是那算是紅色嗎？雜草長得這麼茂密，怎麼才能看得到土壤啊？一會看著柏油路一側的海水，一會又看著另一側的土坡，我們搜尋著「傳說」的痕跡，一時也不太確定究竟抵達後灣了沒有。

好在隨即我們就在路邊土堤上見到一間面海的小祠。小祠紅瓦白牆，從正面望去，門口兩側對聯寫著「後山景色好，灣前海水流」，乍看好像一間土地公廟。只是走近一看，土地公神像竟放在外頭，另有一小座人造建物供其遮風避雨，至於小祠裡面則不見神像，只有一塊瘦長的石碑在小小香爐後頭孤單豎立著，上書「後灣叔公之佳城」。

雖然不識「後灣叔公」是何方神聖，但既然都叫後灣叔公了，這裡總不會是其他地方吧？

也是後來了解，這位「後灣叔公」其實是一位有應公。傳說某年農曆六月初六，恰逢颱風過境沒多久，二崁村人到後灣海灘上撿拾漂流物時，發現了一座水櫃，並在裡面找到了一具屍體。屍體帶著閹豬刀以及用具，應是以閹豬為業，推測是遭遇船難因而漂流至後灣來，除此之外無法辨別身分。居民好心，集資讓他在此入土為安，之後，村中爆發了一場豬隻瘟疫，居民想起後灣無名水流公的職業與養豬業有關，便前來祈求保佑，想不到竟然頗為靈驗，瘟疫不久就平息了下來。從此以後，這位後灣水流公便成了禽畜業的守護神，被居民敬稱為「後灣叔公」，也享受起了香火祭祀。

## 尋覓血染的證據

雖然還要感謝後灣叔公讓我們知道沒走錯地方，但其實我們追尋的目標並不在此。來澎湖前，我們在《臺灣地名辭書》澎湖那卷的「後灣仔」條目下，找到了一則關於龜精蛇精的悲情故事：

「傳說古時澎湖內海曾盤據龜、蛇二精，牠們一起在海中修練，日久生情，雖龜蛇不同類，竟亦產生畸戀，每當兩情繾綣之時，必定橫亙海面，造成驚滔駭浪。一次海盜欲從吼門（今跨海大橋急流處）海道入澎湖內海，每至晚間便迷失方向不得其門而入，考其因竟是龜、蛇二精夜間幽會攔阻其道，於是便毫不留情對準航道發射砲火，龜、蛇二精忘情之間疏於防範，皆負重傷血流不止，後因流血過多雙雙身亡，附近海域也被鮮血染紅而延續今日。」

澎湖內海指的是澎湖本島、白沙、西嶼三大島所合抱的那片海域，二崁村的後灣海灘就位在西嶼東岸，面對著澎湖內海，而吼門則是夾於白沙島與西嶼島之間，連通澎湖內海與臺灣海峽水域的一條水道。吼門、後灣兩地相距不算太遠，若從陸上開車往返，也就十多分鐘車程。雖難以推估龜精蛇精的泳速，不過這對苦命鴛鴦在吼門一帶遇襲後，恐怕逃離沒多久就雙雙身亡了，總覺得有些悲慘。

根據描述，後灣仔應該「沿海土石水色皆為赤紅色」，我們之所以先前一直觀察四周，就是想找到紅色的海水與土壤。老實說，由南向北往後灣海灘的這段路上，海水的顏色的確有點變化，沿岸的海水較黃、較濁，帶了點暖色調，與遠方地平線處的深藍水色並列，看得出有點色差，就像是陰陽海，但要說那顏色是不是紅色……我們揣摩了一陣，總覺得有些差距。

暫且放下對海水的疑問，我們在後灣叔公祠旁的土堤上搜尋著。此處植被大致茂密蓊鬱，大花咸豐草、銀合歡以及禾本科等的雜草恣意生長，張狂自在，讓土堤像是覆蓋著一張質地複雜的綠色地毯。不過就在附近，綠毯突然裂開了一道縫，在擋土牆上方處露出一塊光禿禿的土壤，而這裸露的土壤正是紅土！和海水那曖昧難辨的顏色不同，這片紅土的顏色鮮豔非常，是即使騎車開車迅速呼嘯而過，也難以忽視的一抹異色。雖說乍看之下紅土十分亮眼好看，但一想到背後有血染海灘的傳說，卻忽然又感到一絲恐怖。

## 無須精怪搗亂的海險

暫時拋開血水染紅海邊的想像，其實紅色土壤的成因，多半是由於土中含有豐富的氧化鐵等物質，這樣的土壤通常偏酸性，一般植物並沒有辦法在這樣的土中好好生長，這或許解釋了邊坡上為何唯獨這片紅土寸草未生。裸露的土石也容易遭沖刷風蝕，當紅土與其中的物質隨風雨被沖刷入海，連帶的海水也就被染色了。

面對這一小片紅土，我突然想到，土坡基部的擋土牆、我腳下站的柏油路、路邊的水泥護欄……這些沿著海岸線建起的人造物，隔開了陸上的土與海濱的沙，應該也阻擋了紅土被沖入海中。說不定以前海的顏色更濃更紅呢？如果真是如此，那麼也難怪古人會有「血染土石海水」這樣的聯想了。

我們在附近拍了幾張照片，就又上了車繼續回程的路途。跨海大橋上車流不息，吼門水道在橋面下的某處，此刻大概也正暗潮洶湧著，無奈沒辦法停下車親眼看看水道奔騰的水流，我只能默默在心中推敲起龜蛇二精與海盜的恩怨——

要知道，澎湖海域有所謂「六大急流」，分別是「一磽、二吼、三西流、四鵝豆頭、五潭門、六東吉」，其中的「二吼」指的就是吼門水道。此處水流湍急，海面下又暗礁密布，只有經驗非常豐富的船夫才能毫髮無傷地通過，也就是說，根本不用精怪搗亂，吼門海道本身就已經是波濤洶湧，水相險惡的水路了。傳說裡的海盜大概是不熟悉對吼門的狀況吧！否則也不會將自然海相歸因於精怪纏綿了。不了解環境，被海浪天險阻擋在外，實在是意料之中的事。

這樣看來……龜蛇二精怪根本是被海盜遷怒而冤死的吧。

# 第三站——澎湖本島及周邊

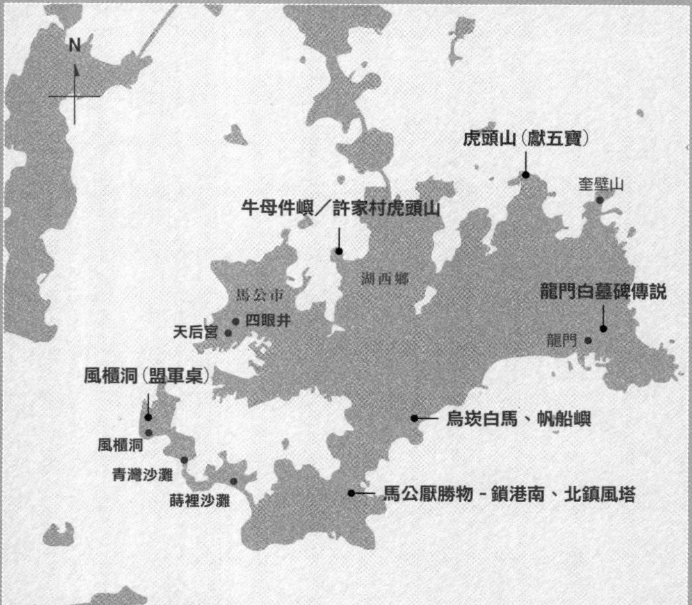
N
虎頭山（獻五寶）
奎壁山
牛母件嶼／許家村虎頭山
湖西鄉
馬公市
龍門白墓碑傳說
四眼井
天后宮
龍門
風櫃洞（盟軍桌）
烏崁白馬、帆船嶼
風櫃洞
青灣沙灘
蒔裡沙灘
馬公厭勝物－鎖港南、北鎮風塔
虎井嶼（鬼市）

倘若循著澎湖經典觀光路線「南環線」，從馬公市區出發，沿途依序會經過天后宮、四眼井、湖西奎壁山、龍門、再往南走隘門鎖港鎮風塔、山水沙灘、風櫃洞等景點，和工作室的尋妖路線可謂高度貼合（只除了需要乘船小小一跳，到馬公隔海相望的虎井嶼上，才能前往傳說中的「虎井沉城」一探究竟）。這些澎湖本島的風景名勝，同時蘊藏著當地人耳熟能詳、代代相傳的精怪或鬼魅傳說，不妨猜猜看：為何本島以「虎」為名的地點，以及相應的虎精傳說，數量如此之多？

海面下一處肉眼可見較深的海域，不知是否就是傳聞中的「鬼市」？

後寮威靈宮加上「雨」字的「魑魅魍魎碑」，
具有雷霆震攝的強大鎮煞力。

馬公市厭勝物中的「鎖港南北鎮風石塔」，此為北石塔。

西嶼內垵村的「塔公塔婆」以矮石牆連結，此為較高的「塔公」。

庇佑風櫃居民免於各國軍魂作亂不安的「風櫃流水亨通三官廟」。

流水亨通三官廟中供奉的木龜，造型充滿樸拙之趣。

安宅里的虎頭山，也被稱為「牛母件嶼」，海水退潮時，
人們可從安宅沿著海蝕平台走過去。

從北寮村的奎壁山眺望青螺村的虎頭山。

烏崁「靖海宮」附近，盛傳一則白馬精偷喝水的傳說。

被人們追趕的白馬精，一路奔往海邊的林投樹林，
如今林投和白馬都消失了蹤影。

從龍門閉鎖陣地眺望出去，可以看見不遠處的龍門漁港。

# 虎井嶼鬼市——海面下的飄忽之城

聽聞盛名而前來的我們，雖無法潛入海底親眼看見那座城池，但在虎井嶼體驗到的地景與時光，無一不是這個傳說存在的迴響。

文．林祉均

豔陽灑在波光粼粼的海面上，站在東山的海邊對照著地圖，往馬公本島蒔裡的方向看過去，那便是口耳相傳「鬼市」的所在地。在海面上的確有一區肉眼可見較深的海域，是來往虎井嶼和馬公的船隻周而復始形成的水道，還是真有一座城沉入暗潮洶湧的海底？

為了去尋找虎井沉城的線索，搭乘清早從馬公出發的交通船，踏上了虎井嶼。下船後經由租車行老闆指路，一路往東山騎去，先經過了發電廠，接下來是「水仙宮」，發現在右側峭壁上輕鬆跳躍的昂首山羊，最後到達公路的盡頭，此時機車已無路可去，往前步行一段，對照地圖往蒔裡的方向看去，那一條暗藍色水域，就是傾倒的城牆陰影，鬼市的所在嗎？

傳聞中鬼市是能連接陰陽、充斥著鬼怪交易的市集，是無人居住的海邊出現的神祕城市，是見不得光的交易發生的地點……關於鬼市的傳說眾說紛紜，像亞特蘭提斯一樣沉入海底且難以輕易抵達，充滿神祕的魅力，聽聞盛名想來一探究竟的不只有當代的我們而已。

## 澎湖八景——虎井澄淵

現存文獻的最早紀錄，可能是唐朝詩人施肩吾寫的詩〈島夷行〉。裡面提及了「腥臊海邊多鬼市，島夷居處無鄉里；黑皮年少學採珠，手把生犀照鹹水。」唐朝中葉，詩人與族人來到澎湖落腳，在沒有聚落、人煙稀少的海邊發現了鬼市，在詩人的描述中，鬼市並非沉在海底，而是在無人海邊。他觀察到黝黑皮膚的少年，用點燃後可避邪的犀牛角照耀海面，這樣非日常的奇觀，成為詩人留下一筆關於鬼市的紀錄。

施肩吾筆下的鬼市是在海邊，而描述鬼市沉在海底則是在清代道光年間，蔣鏞被派駐澎湖擔任通判（邊陲地帶的地方官員）時編撰的《澎湖紀略》續編中，呂成家撰寫了〈虎井嶼觀海中沉城〉一詩，詩中提到「如何淵底立堅城，可是滄桑幾變更」、「難尋危堞千層砌，猶見頹垣一片傾」，這兩句詩可以看出在清朝道光年間，人們看見的是沉落海底的城池，經過歲月流轉而傾塌的樣貌，在當時被列為「澎湖八景」，且時人為這樣的奇觀取了一個詩意且壯闊的名字——虎井澄淵。

失落的神祕城市

不只是生活在當地的文人雅士對鬼市有興趣，一九三二年臺北帝國大學的久保得二教授來澎湖觀光時，留下的〈澎湖雜詠〉一詩寫道：「新晴午日移舟去，虎井沉城試一尋」，教授抱著對鬼市的好奇心，在陽光晴好的中午時分乘舟探尋，教授有沒有看到他想找的風景雖不得而知，但他留下的這首詩讓後世了解，想一睹鬼市的神祕，是人類對於未知事物不滅的熱情。

過去受限於船隻探潛技術，人們無法深究鬼市，到了一九七六年，澎湖縣長謝有溫委託了潛水專家謝新曦，與其學生組成了海底考察隊。團隊費時六年，終於在虎井嶼面對馬公蒔裡的方向，距海岸兩百公尺處下潛四公尺後，發現了疑似城牆的物體，這個發現是目前對虎井沉城一說較為明確的證據，間接證實了從古至今人們對虎井沉城的敘述，並非只是浪漫的憑空想像。

當我們踏上虎井嶼，根據文獻紀錄指出的位置，親眼看見在東山外海的暗藍水域，這線索讓人更想追尋虎井嶼其他虎井沉城的線索，於是便發動機車，在正午時分往居民聚落前進。

平日的中午，日頭正烈，人煙稀少，機車停在當地信仰中心觀音廟的廟埕旁，看見一隻虎斑貓從正門開啟的小縫溜進廟裡，跟隨牠的腳步一起進了進入廟中，現在想想：會不會是牠指引我們進去廟裡的呢？在虎井除了有滿山遍野自在穿梭的山羊，貓咪也是隨處可見的動物，甚至有貓咪的觀光造景，吸引觀光客拍照留念。

在與神明打過招呼後，我們驚喜地在側室發現一位阿伯，腆著臉走近打招呼，用不輪轉的台語詢問阿伯關於虎井沉城的傳說。陳阿伯在虎井出生，二十一歲時到高雄開始滿世界跑船的職涯，退休後回到家鄉。

目前任職於觀音廟的陳阿伯憑記憶與我們講述虎井的在地傳說：在日治時期的東山有一個「虎洞」，部隊中不想上戰場的士兵，會躲在這個虎洞，而阿伯的父母也從小就告誡他們不要到山裡的虎洞。關於陳阿伯講述的虎洞，《澎湖民間傳說故事》也有記載，且是虎井地名的由來：相傳虎井東邊山上有洞穴，洞穴裡有一口井，有人聽到井底傳出老虎聲，便說井裡有老虎，由此演變成「虎井」之名。

我們緊接著詢問陳阿伯虎井沉城的傳說，低頭思索一番後，陳阿伯說清朝時曾有人在夜晚看過該城一整片崩了下去，此後就沒人看到過了。陳阿伯的說法對照文獻記載，有可能是呂成家那首〈虎井嶼觀海中沉城〉提到的景象，讓我們更確信虎井沉城的傳說，並非空穴來風。

與陳阿伯道謝與道別後，我們騎車上西山繼續尋找相關線索。經過了大片玄武岩，到了山頂面海的白玉觀音像，周圍有許多遺留下來的軍事建築。日軍曾在虎井嶼建築軍事要塞，現在所看見的觀測所，就是過去用來監視海空軍情的重要據點，現在被自由自在的山羊群占領，用一粒粒羊大便來劃分羊群領地。

在西山除了羊群、軍事建築與著名的「北回歸線紀念碑」外，關於虎井沉城的相關線索遍尋不著。決定下山時，我們看見地上有熟悉的字眼「亞特蘭提斯 風華再現」。那是在二〇二〇年舉辦的「虎井嶼地景藝術節」的標題，依照指引走進去，眼前是片雜草叢生的廢棄建築，看來藝術季結束後就放置到如今。看著斑駁傾頹的牆面，頓時感覺到海底的虎井沉城，與後來山頂的亞特蘭提斯相互輝映，原來虎井沉城曾經存在的線索，已融入在虎井嶼的各處細節中。

下船時，遊客中心旁地圖所標示的「虎井澄淵」、東山外海看見的深藍海域、在地人記憶中的傳說與藝術季融入的元素，虎井沉城對虎井來說無需證明。至於聽聞盛名而前來的我們，雖無法潛入海底親眼看見那座城池，但在虎井嶼體驗到的地景與時光，無一不是這個傳說存在的迴響。看來，神祕且迷人的虎井沉城，將會持續流傳下去。

# 厭勝物——鎮煞安心的特殊地景

文．高珮芸

除了鎮煞，因氣候影響，澎湖還有鎮風沙、鎮疾病的需求，因此厭勝物種類十分多元，尤其在馬公本島就可見到如石塔、石碑、石敢當等特殊的形式。

澎湖四面環海，秋冬有東北季風狂風肆虐，夏季則有颱風掀起浪高侵襲，在嚴酷的環境下，為了討海討生活，島民需要借助有形的信仰協助。因此，在澎湖旅行時，在山邊海邊風口、交叉路口、橋頭、村子入口處，總是會看到小如幾尊石敢當，或高聳達數層樓、用咾咕石堆疊成的石塔建於村莊內，這些石頭是為了鎮住風水或是辟邪，也就是民俗所稱的「厭勝物」。

厭同「壓」、勝有「克制、制服」之意，意即用來壓制、辟邪，過去人們相信周邊環境的山靈水怪，或者曾出過凶事的地方，會產生「煞」，為了要消災解厄，就得用厭勝物來制服這些煞氣。這包含了實體空間的防衛與精神空間的防衛，所以會在私人的門戶、屋頂上看到如八卦鏡、劍獅的設置，或者是在公共的空間中，例如鄉里的入口，方位中的五營放置石敢當，作為厭勝物來守護街里巷弄。

同時，因地域的不同，厭勝物出現了各式各樣的型態，如臺南多有劍獅和刀劍、金門多為風獅爺、澎湖則以石敢當、石塔、符咒碑最為常見。特別的是，除了鎮煞，因氣候影響，澎湖還有鎮風沙、鎮疾病的需求，因此種類十分多元，尤其在馬公本島就可見到如石塔、石碑、石敢當等特殊的形式，可說是厭勝物的「博物館」。

## 鎖港南、北鎮風石塔

石塔是最顯眼的厭勝物，被認為是用來彌補村鎮的風水所用。鎖港位在馬公市南方，村內有漁港，過去以盛產鎖管（小管）聞名，這裡的南北雙石塔是澎湖最高的鎮風塔，也是澎湖縣定古蹟。

村內南北邊各有一座石塔，這兩座塔被稱為子午寶塔，北塔為子塔，南塔為午塔。這天傍晚我們抵達時，就被隱身於村內的石塔規模所震撼。石塔約有三層樓高（約十公尺），用黑色的玄武岩堆疊，最上方置有符咒，一座寫著「敕令北極星君鎮守驅邪押煞」，一座則是「敕令南無阿彌陀佛鎮守合境平安」，明顯看得出石塔的宗教意涵。

在石塔旁有著一面碑文，記述著當地文史工作者採集的建塔故事，過去鎖港地勢平坦，曾有沙丘作為讓船隻能順利回港的指標。但因一次颱風侵襲，將沙丘捲走（也有一說是東北季風經年侵蝕而導致），鄉里損失慘重。後來在鎖港北極殿的真武大帝（玄天上帝）指示下，建造石塔以為標的物，同時在沙丘被吹走後，導致鎖港地理產生了缺陷，因此石塔可以成為鎖港的「靠山」。在北極殿的號召下，每戶人家一人一塊石頭疊起石塔，成為原本七層，後來增至九層的壯觀石塔。

順帶一提，後來我們前往鎖港北極殿參拜，創建於清康熙年間的北極殿祀奉玄天上帝、池府王爺，整間廟的規模不大，但門口的對聯讓人印象深刻，特記如下：「位鎮北方劍擊風雷天地動，星輝南極旗翻海岳鬼神驚」。

參觀完鎮風石塔準備離開時，正好有漁船回港，原本安靜的港邊熱鬧起來，等待的客人一哄而上，採買著新鮮活跳的漁獲。我們雖然沒辦法現殺現吃，卻也剛好能一瞥澎湖的海島生活。

## 內垵塔公塔婆

塔公塔婆位在西嶼內垵村，約有一百多年歷史，高度沒有鎖港石塔那麼高，但兩座石塔中間用矮石牆連接在一起，雙塔一高一低，一陽一陰，象徵著兩人攜手守護村里，頗具特色。

興建原因主要是因應內垵聚落特殊的地理環境。內垵又稱「內塹」，左右後方皆有山坡遮擋，呈現一個凹字狀，而外海有暗礁稱為「海瀨礁」，暗礁北方的陸地稱為「鱟仔尾」，成箭形直射聚落的方向。此風水曾導致聚落內居民不平安，後來在堪輿師的建議下才建起塔公塔婆，用來化解煞氣。來到這兩座塔前，面對寬闊的海洋，背倚綠色山坡，一眼就能看盡聚落風貌，可說是讓人心曠神怡。

## 四海龍王壓煞碑

四海龍王壓煞碑位在白沙鄉「大赤崁文衡聖帝殿」的後方，從馬路上看不到碑本體，須繞入廟的範圍內，才能看到一條小徑往廟後，而石碑就置於一小土丘上。石碑上寫著「滿山地糸庶民四海龍王押糸」、「李廣將軍箭」、「馴馬將軍箭」等文字，可說是澎湖最為霸氣的石敢當，借四海龍王、李將軍勇武之名鎮壓煞氣。

石碑建造時代不詳，但一九〇一年伊能嘉矩來到澎湖考察時，記有地方傳聞，約莫一八六〇年時，本地風沙狂捲，伴有鹹雨落下，海砂堆積在村人門口有四、五呎高。後來鄉里詢問文衡聖帝，指示在此立碑，此後大赤崁再無狂風沙襲擊。

當我們來到在海邊的赤崁文衡聖帝殿，從面向大海的殿門口，可以望見遙遠的對岸就是吉貝島。從廟前能看到右側有一條小燈塔標示的航道，即是從旁邊「北海遊客中心」前往吉貝島的航道，因為暗礁多，得用小燈塔來指示水路。

我們坐在廟前聽廟公談到當年建廟的風水軼事，聽說當時在廟後放置了四海龍王壓煞碑，卻導致吉貝島上的雞不啼狗不叫，後來吉貝島人發現此事，來到赤崁想找出發生什麼事情，後來和赤崁人協調把石碑的高度降低之後，就沒有相關的事件了。澎湖島嶼眾多，風水地理有密切相關，也能反映不同村落過往的關係。

**後寮魑魅魍魎碑**

後寮威靈宮前矗立著一座巨大的石敢當，石碑上刻著「魑魅魍魎」，在字上方還加上了「雨」的部首。在道教符籙中，「雨」或寫成「雨聻」，「聻」

也同「聻」，有一說「人死作鬼，人見懼之。鬼死作聻，鬼見怕之。」，既然聻連鬼都怕，將聻字放在門口，可以作為辟邪之用。最後在魑魅魍魎頭上加上「雨」字或做「雷」字，更象徵著雷霆震懾，有著強大的鎮煞能力。

此碑於道光年間設立。依照伊能嘉矩一九〇一年的記述，這碑文高六尺、寬約四尺，傳說先民於道光年間來到此地定居時，出現了一個妖怪，往來徘徊於後寮和通樑間稱為「風坑口」的地方，作祟村人，讓村人感到恐懼。後來村民與「威靈宮」主祀的保生大帝請示後，建此石敢當鎮煞，之後就也再也沒人聽聞有鬼魅肆虐了。

在這些厭勝物的故事中，有很多共同點。例如可能發生了一些危害鄉里之事，用有形之物予以鎮壓，不僅是鎮風鎮雨，鎮妖鎮鬼，同時也能作為定錨，穩定因災難而慌亂擔憂的人心。

# 風櫃傳說——中元普渡的「盟軍桌」

文·高珮芸

臺灣民俗認為，孤魂野鬼為索取祭祀的香火，便可能會作祟，甚至騷擾周邊居民。也因此，長年的古戰場傳說讓風櫃尾出現了一種特殊的祭祀方式。

我印象中第一次聽到風櫃這個名字，是來自侯孝賢導演的電影《風櫃來的人》。「風櫃」二字聽起來好似浪漫，卻一直無緣前往。這次一查資料，才知道風櫃的名稱來自於當地的特殊地形，節理分明的玄武岩被長年的海潮侵蝕成海蝕洞，因日夜潮汐灌入產生了悶悶的呼嘯聲，就像是鼓風爐的聲音一樣，故稱為風櫃。

這裡位在澎湖本島最尾端，自明朝末年，即有居民在此定居，而風櫃尾「蛇頭山」與對岸馬公的「金龜頭山」遙遙相望，守護著馬公內灣，也因此成為大航海時代兵家必爭之地。

## 蛇頭山的國際陣亡官兵

在十七世紀時，荷蘭東印度公司為了以澎湖為據點，開啟與中國的貿易，而在蛇頭山上築城，但後來與明朝在爭奪澎湖控制權的戰爭中失敗，導致荷蘭東印度公司放棄澎湖後，轉往臺灣島發展。明鄭王朝自中國本土退守澎湖，後來雖再次擊敗荷蘭人短暫統治臺灣，但與施琅於澎湖海戰時戰敗，明鄭王朝隨之覆滅。

清法戰爭時，法軍進攻澎湖，但士兵因病疫死亡眾多，部分軍士埋葬於蛇頭山。日治時期，松島艦在風櫃尾附近爆炸沉沒，造成兩百餘人喪生海中。直到二戰時，於澎湖外海沉沒的軍艦也所在多有。

在這曾為古戰場的蛇頭山，埋葬了來自各國的逝者，目前在山上仍留有已成為國定古蹟的荷蘭城堡遺跡、澎湖法軍殉職紀念碑、松島艦慰靈碑。這些戰時遺跡讓當地流傳奇異的傳聞，有人甚至聽到蛇頭山附近有軍隊操練聲。

因有這麼多戰場傳說，我們這次原本想前往風櫃尾蛇頭山。當騎車沿著寬闊的二〇一縣道前進，抵達風櫃時已近黃昏，卻碰到封路和整修中的告示，看來縣政府正在重新整理這塊區域，以便遊人遊憩。此時只能望封路興嘆——或許讀者朋友下次旅行至此，運氣會比我們好上一些。於是我們決定繼續向前，一探「風櫃聽濤」的所在。

## 古戰場將士專屬饗宴

風櫃洞海岸邊的地形是層疊奇特、節理發達、帶點異星感的柱狀黑色玄武岩，一座像是白色飛碟的觀景台有些突兀地降臨其上，不知道是否呼應著這般外星的想像？只是當我們坐在海邊，吹著海風，聆聽海浪一波波湧進海蝕洞中發出的凌厲呼嘯聲。在這黃昏的逢魔時刻，讓人不禁想像在這三面環海的岬角上，重重鬼魅隨著古戰船從海上翻騰襲來的恐怖場景。

在臺灣民俗中認為「鬼有所歸，乃不為厲」，未受祭祀的孤魂野鬼為了索取祭祀的香火，便可能會開始作祟，甚至騷擾周邊居民。也因此，在長年流傳古戰場的傳說之下，風櫃尾出現了一種特殊的祭祀方式。

風櫃尾的宮廟主要有三間，最早成立的「風櫃流水亨通三官殿」目前供奉三官大帝、五府千歲，以及供奉溫王爺的「溫王殿」，和被賦予守衛鄉里入口職責的「金王殿」。過去曾經發生各國軍魂作亂，讓風櫃居民感到害怕，得請到在地信仰的溫王爺出馬解決。

我們在與流水亭通三官殿的廟方工作人員聊天時，聽說當年三官大帝和溫王爺介入調解之後，就降乩指示每年中元普渡時需舉辦「盟軍宴」，以安作亂的軍魂。盟軍宴會準備各國特色食物，例如生魚片給日本軍魂享用，紅酒和吐司則是提供給歐洲人如荷蘭、法國人懷念故鄉的滋味，可說是非常國際化地關照到不同國「鬼」的需求。

可惜我們這次拜訪已錯過中元普渡的時間，在風櫃這個島嶼之角，死去的古戰場英靈們，在此飄蕩無法歸鄉，在中元普渡時以「盟軍桌」款待，或許也是種澎湖人的慷慨吧。

聊完盟軍桌的故事後，我們剛好發現在三官殿的神明桌左側，放著一隻綠殼紅面的海龜。據說這隻龜存在的時間很早，工作人員說以前尚未改建的小廟時就有了。依照許玉河老師的記述，傳說有一隻海龜曾救了風櫃捕魚落海的漁民，後來漁民在海上撿到一隻木龜，認為可能是當時救人的海龜，就此放在廟中祭拜。

微笑著的烏龜充滿樸拙之趣，如果路過風櫃，不妨來流水亨通三官殿和祂打個招呼。

# 安宅里虎頭山——一隻猛虎嚇三村

文．清翔

位於安宅北側、許家村西南側、西衛東側的海域上，有座虎頭山，虎嘴向著許家村，虎屁股對著西衛，虎尾朝向安宅。每當虎頭山掉落石頭時，就表示老虎張嘴要吃人。

臨近夕陽時分，頂著澎湖九月下旬開始轉大的季風，我與同組夥伴共乘一輛機車，前往馬公北邊，啟程尋找安宅里的虎頭山。

在澎湖，以「虎頭山」為名的地點可不少。除了位於馬公市安宅里的這座以外，在湖西鄉的沙港村、青螺村、林投村，還有白沙鄉的通梁村，以及望安鄉的中社村、西坪村、東吉村，都各有一座虎頭山。我想大抵上，一方面是因為這邊的地質條件，容易形成像是虎頭一般的地貌，另一方面則是因為古早時候高死亡率的艱困生活，和民俗上「老虎」所象徵的災難，連結在一起了吧。

至少對於安宅里的這座虎頭山來說，是這樣的。

在安宅、許家村與西衛，有著類似這樣的傳說：位於安宅北側、許家村西南側、西衛東側的海域上，有座虎頭山，虎嘴向著許家村，虎屁股對著西衛，虎尾朝向安宅。

每當虎頭山因為風化與海蝕作用，而掉落石頭時，就表示老虎張嘴要吃人。

石頭若是從虎嘴處掉落，許家村就會死一個人；石頭若是從虎屁股處掉落，則西衛會死一人。（另一說則是，若石頭倒向許家村，許家村會有一人往生，若石頭倒向安宅那側，則安宅會有一人離世。）

虎頭山南側，有一條由海水沖積而成的沙礫步道，被稱為「虎鞭」，虎鞭的尾端，會隨著潮水改變方向。當虎鞭偏東指向安宅時，安宅便會不得安寧（一說是，會有一女子犯桃花），虎鞭偏西指向西衛時，則西衛有凶兆（一說是，會失去一位壯丁；另一說則是，會有一女子犯桃花）。

無論哪個版本，顯然只要這虎頭山一有動靜，附近的村民就要遭殃。為了應對這頭老虎，許家村和安宅的村民，在正對著虎頭山的地方，種植了大片的林投樹。林投樹有刺，老虎張口要吃人時，林投樹就會刺傷老虎的嘴巴，老虎吃痛，便再也不會吃人。

## 側看是牛俯為虎

另一方面，西衛港北側，有座九層塔（又稱塔尖、鎮風塔），一說是建來鎮壓潮水洶湧流出造成的煞氣，另一說，則也和虎頭山牽扯上關係，說是建來克制虎鞭朝向西衛時帶來的災禍。

而安宅漁港附近，也有座「嶼仔尖塔」（或稱塔尖），位在俗稱「嶼仔腳」的潮間帶沙地之上。有人說，這座塔便是建來鎮住虎鞭的——不過這塔並不對著虎頭山，與之距離也有些遠了，這說法應屬附會。更可信的緣由是，此處居民過去會在嶼仔腳附近取黑沙，做堆肥來用，為了幫助辨別海水退潮的狀況，才在此建塔。

我與夥伴騎著車，沿著海岸從安宅往許家村的方向前進，邊騎邊往海面看去，最後停在了許家村「真靈殿」附近的海堤旁。海堤前方是一片黝黑的海蝕平台，然後是海，再往前，便是虎頭山了。

看到它時，頓時便明白，為何除了「虎頭山」這個名字以外，它有時又在安宅被稱為「牛母嶺」，或在許家村被稱為「嶼仔山」，官方稱呼則是「牛母件嶼」。從這個角度看去，它並不明確地像隻俯臥在地的老虎，以顏色來說，還更像是隻正在涉水而行的水牛。而獨立於海上的地理位置，更毫無疑問地，讓它既是島嶼，也是小山。

若是藉助Google地圖的衛星影像，或是他人的鳥瞰照片，俯看虎頭山，它看起來就又像是隻老虎了，至少我連虎頭與虎屁股是哪個方向，都可以辨識出來。搭配著對於老虎的想像，再次向前看去，昏黃的天色下，黑色的岩體，也有了幾分擇人而噬的威勢。

## 澎湖山海拔幾許？

說來好笑，我們一路騎了這麼遠，除了想找個滿意的觀看角度之外，更主要的原因是——我們一開始沒有認出虎頭山。倒也不是像老虎還是像牛的問題，而是更基本的認知差異。

你覺得，以山為名的地點，海拔應該有多高呢？一百公尺？三百公尺？五百公尺？以虎頭山作為答案的話——是十二公尺。

在臺北盆地看慣了動輒海拔數百公尺的山勢高度，在意識到虎頭山最高處僅止於十二公尺之前，慣性的思維，讓我們對於海面上的虎頭山屢次視而不見。也就是因為整體座落在海上，看起來才算是醒目。

「這真的算是山嗎？」在發現目標就在眼前時，我不由得升起這樣的質疑。

不過，「山」本就是指相較周圍地勢，有著突然顯著升高的地方。頭尾兩側高高突出於海面之上、漲潮時面積一．一六公頃的島嶼，自然可以被稱作山。更何況，在最初被人這麼稱呼之時，它說不定還沒因為風化和海蝕而變得這麼矮呢。

在海水退潮的時候，虎頭山便不再是獨立的島嶼，露出的海蝕平台，讓人可以從安宅一路走往虎頭山。虎頭山大部分的土地屬於私人擁有，早在日治時期，便被登錄為安宅薛姓所有，曾被其開墾耕種，現今依然被登錄為農業用地，但土地所有權卻幾經轉手。根據《澎湖時報》二〇二〇年的報導，數十年來，虎頭山經過四次轉手買賣，最後歸屬於白沙鄉講美村吳家，被登記在某位宗親的配偶名下。

比起這樣的歷史，對周邊居民來說更為熟悉的，或許還是在虎頭山周圍潮間帶的海蝕平台，撿拾螺貝、觀察海洋生物、欣賞風景的生活記憶吧。

## 山腳下的金蟳傳說

除了虎頭山吃人以外，這裡也有個金蟳的傳說。相傳虎頭山下，有個洞穴非常深，裡面有著兩隻金蟳，後來紅毛番（荷蘭人）來到此地，發現這兩隻金蟳，便將牠們抓走。這個洞穴因無金蟳而成為一個死穴，漸漸被砂石填滿。

故事內雖未明說，但我懷疑這會不是個風水故事呢？一方面是因為「死穴」這個用詞，二方面，虎頭山的地貌，與風水中「螃蟹穴」常出現的地方多有符合，三方面則是，使這個故事更為合理的同時，也讓它更有被流傳下來的理由——畢竟風水被外人破壞了，總是會讓人記恨的。不過，在進一步考據之前，這也不過是憑空猜測罷了。

說到風水，虎頭山上也有幾處墓葬。具體是誰的墓，我並未考究，不過相關的傳說，倒是找到了一個。很久以前，有個許家頂寮的人，看中虎頭山的地理，就把祖先葬在虎尾的地方。葬下去之後，西衛就開始雞不啼，狗不吠，全村都不安寧。最後還是西衛的王爺，讓乩童和法師前往虎頭山處理，經過一番神鬼大戰，才解決了這個問題。

安宅、許家村與西衛，過往的生活，便是如此緊密地與虎頭山綁在一起。即便現今，已不再被虎頭山造成的凶兆所困擾，但與之相聯的生活風景，也不會被輕易忘卻。

若是途徑此處，除了遠望虎頭山的身姿之外，不妨查詢當日的漲退潮時間，踏浪前往這座無人島。看看風景，看看海洋生物，也可暢想此地的過去生活。

# 青螺村&北寮村——虎頭山獻五寶

文・清翔

虎頭精是不是根本就像追著吊在前面的胡蘿蔔跑的驢子一樣，一直跟著指示四處奔走，卻什麼都沒吃到呢？光是這樣想像，就覺得有趣。

湖西鄉青螺村有一座虎頭山，傳說山上有隻虎頭精，肚子餓的時候，就會出來找東西吃。周遭的村落都不希望虎頭精來自己這邊覓食，所以各自把周圍其他地方獻給虎頭精吃。

虎頭山獻五寶，大概就是這樣的故事。

青螺村的村民，出海捕魚常發生意外。村民去請示神明，神明說這是虎頭山的虎頭精在作怪。虎頭精只要肚子餓，就會吃人，村民就會不平安。村民詢問有沒有解決的辦法，神明便說只要準備其他東西讓虎頭精吃飽，牠就不會吃人。於是，青螺村就把附近的山和島嶼，取名為奎壁山（代表烏龜）、錠鉤嶼（代表元寶）、雞善嶼（代表雞）、鳥嶼（代表鳥）和員貝嶼（代表錢），把食物和錢財獻給虎頭精，希望牠改吃鳥或烏龜，不要吃人。說來神奇，取了這些名字之後，青螺村就很少出現什麼意外了。

說巧不巧，和青螺村隔了一個小海灣對望的北寮村，也有著幾乎一模一樣的傳說。少數的幾點不同是，虎頭山不在他們自己村裡，但奎壁山在他們村，村民出海常發生意外，是虎頭精肚子餓，跑來吃烏龜；而既然希望虎頭精別再吃烏龜，北寮村向虎頭精獻上的五寶，自然不包括奎壁山，而是錠鉤嶼、雞善嶼、小白沙嶼（代表白米）、鳥嶼和屈爪嶼（代表雞爪）。

如果每個被虎頭精危害的地方都這樣做，也都因此而恢復平安，那麼虎頭精是不是其實根本就像追著吊在前面的胡蘿蔔跑的驢子一樣，一直跟著指示四處奔走，卻什麼都沒吃到呢？光是這樣想像，就覺得有趣。

## 機車晃遊尋五寶

我和夥伴站在虎頭山之上，對著海面，細數周遭可見的地景——最右邊也最好認的是奎壁山，往西依序可見錠鉤嶼、雞善嶼、鳥嶼和員貝嶼，它們是視野範圍之內，最近也最醒目的一圈島嶼。比對著地圖辨識島嶼的過程很有趣，像對著藏寶圖在尋寶一樣。

明豔的陽光之下，海面閃耀著藍寶石般的光澤，一波波的海浪，如同綢緞層疊而出的皺褶。舉目皆是飽和的藍，清晰的色調容不下一絲渾濁，連周遭的景色都被映襯得鮮明了起來。岸邊是藍綠，遠處包圍著各島嶼的是深邃的藍，廣闊而豐富的漸層變化，令人連心胸都開闊了起來。

沿著海邊的水泥道路繼續往東騎，便可持續欣賞海景，往奎壁山前進。路上的海景實在美麗，可惜似乎是因為先前海葵颱風肆虐之後，尚來不及整理到這裡的緣故，兩側草木紛亂不說，路上還有未清理的枝葉阻擋，所幸並不影響道路通行。

奎壁山的位置很好找，路上直接有指標寫著「奎壁山無敵嗨景環山草徑」。馬路並沒有直接通到面向北方的海邊，需要親自走進去步道裡面，更因為大量的樹木遮蔽視野，要細數島嶼，就必須走到深處去。

步道本身是散布著大小石頭的泥土路，落葉帶著林地慣有的濕意，被颱風折斷的林木枝葉，隨意地橫倒在路上。步道一路幾乎都在林蔭之下，雖然涼爽，但在黃昏時分，就顯得格外昏暗，不易看見前路。而道路雖大致平坦，若一路快步、全然忽略腳下，恐怕會不小心一腳踩上突出的圓滑石頭而扭傷。

所幸步道並不長，十分鐘走完綽綽有餘。從奎壁山的制高點往外看去，第一個感覺是視野略遜於虎頭山，一來是奎壁山的位置並不像虎頭山那麼突出海外，反而會被虎頭山遮蔽住一部分的視野，二來茂盛的林木，也局限了適合觀海的位置。

不過，風景依然優美，我們也順利地再一次找到錠鉤嶼、雞善嶼和鳥嶼的位置。有了鳥嶼作為基準，要找到小白沙嶼也不難。唯一可惜的是，屈爪嶼位置較遠，今日空氣不夠清晰，黃昏的光線也不夠明亮，就算大致知道方位，當下也難以用肉眼望見，北寮村的五寶就缺了這隻雞爪沒有看到。

我們也試著尋找員貝嶼的位置，卻發現它會被虎頭山擋住，在此處看不見。也難怪兩村所獻五寶的差異，並非僅替換了北寮村希望能倖免於難的奎壁山，連員貝嶼都被換成了其他島嶼。畢竟要是虎頭精看不到被獻上的地點，又怎麼能說服肚子餓的牠去改吃那些島嶼呢？

## 虎頭精「命喪汪洋」版

關於虎頭山，還有另外一個傳說：青螺村的虎頭山是一個虎穴，裡面住著兩隻老虎，一隻是虎母，一隻是虎仔。虎穴的開口，剛好斜斜對著鳥嶼，所以鳥嶼的雞都不會叫。鳥嶼的村民原本百思不解，直到請了地理師來看才知道原因。於是鳥嶼村的人，就趁虎母出去覓食時，搖著船抓走了虎仔，等船走到海中間，就抓起虎仔對虎母說：「孩子在這裡！」虎母為了救虎仔，就往海裡跳，淹死了。從此之後，鳥嶼的雞就會叫了。

又有另外一個版本是說，虎頭山附近的村民，受不了老虎對百姓家畜的傷害，因此把虎仔抓去錠鉤嶼。虎仔因為肚子餓一直叫，虎母發現孩子在海的對面，便跳下海想游過去。但是從虎頭山到錠鉤嶼很遠，海流又很強，在快游到的時候，虎母因為力氣用盡，就沉下去淹死了。村民見虎母沉下去，便也把虎仔丟下海去，從此虎頭山就沒有老虎了。

或許這才是虎頭精再也沒來吃人、吃烏龜的真相？

又或許，青螺村和北寮村在獻五寶之時，刻意選擇了隔海相望的島嶼，內心其實也存著讓虎頭精在渡海之時力盡淹死的隱密念頭。而虎頭精確實也死在其中。

無論真相如何，至少虎頭精確實已不作亂。而從青螺村和北寮村這一帶，也成了倍受觀光客歡迎的旅遊景點。

## 烏崁白馬精——跟著白馬漫遊去

文・瀟湘神

> 他們立刻打開門，朝白馬追去，結果白馬轉身就跑。他們追啊追，經過一條小路，追到了海邊的林投樹林，誰知白馬跳進林投樹林中，居然消失了。

澎湖有沒有馬呢？

當然，現在是有馬的，至少離馬公不遠處，就有個休閒馬場——但在傳說盛行的時代又如何呢？雖然沒根據，但我想就算有馬，也不是野生的，至少很難想像數萬前年發祥自北美洲的馬，透過陸橋來到歐亞大陸後，居然能自己游泳到這些群島上。明明如此，澎湖卻有不少跟「馬」有關的傳說，某間廟裡有白馬的傳說與塑像，另一間廟則有牽著白馬的神像，為何如此？似乎頗值得探究。不過，像我這樣的旅人，似乎沒有能力回答這樣艱深的問題。

在眾多傳說中，有一則頗有意思，是我在網路上看《民俗亂彈》採集民間故事的影片得知的。故事的場景在烏崁——據說是因為南側的海水顏色深到如同黑色——根據古地圖，烏崁位於一個叫「林投澳」的地方，不難想像，過去恐怕長滿林投樹吧！既有亞熱帶海岸的風情，又帶著點神祕感。

這個白馬的故事，就發生在這樣的濱海村落內。

村裡有戶人家，因為以前資源比較不足，有好幾個人住在一起，每人都有屬於自己的水缸，用完了就去挑水，只負責自己的，不會幫別人挑。某天，他們發現每缸水都被喝光了，懷疑有誰偷用別人的水，但大家都說沒有啊，不是我，這種情況發生好幾次，最後大家協議：「那我們就徹夜不睡，看是誰偷喝水」。

對，就如讀者的猜測，白馬就是在這裡登場的。

深夜之中，白馬來到這戶人家門外，將缸內的水喝光，揚長而去。這家人面面相覷，都沒想到是白馬來喝的。說也奇怪，他們居然不懷疑這白馬是怎麼來的，不過白馬將他們的水喝光，這也很困擾，因此他們決定躲起來，趁白馬來的時候衝出去抓住他。

捕捉白馬的情節，或許會讓人聯想到少女誘捕獨角獸，但那戶人家當然不是少女，抓捕白馬的行動也不順利。那天夜裡白馬到來，他們立刻打開門，朝白馬追去，結果白馬轉身就跑。他們追啊追，經過一條小路，追到了海邊的林投樹林，誰知白馬跳進林投樹林中，居然消失了。

直到此時，那些人才知道白馬並非尋常的動物，而是精怪，是不好的東西；就嚇得回去，結果白馬沒再出現，這件事也沒了下文。一段日子後——

有人在林投樹林蓋魚寮。結果挖地時，居然在白馬消失的地方發現白銀！那些白銀據說是日本時代的錢，由於二戰戰敗，日本人要離開，只能將錢財留下，就埋在此地。換言之，這是一九四五年以後的事，比想像中還要接近現代。然而，為何會發現白銀？講這則故事的人說：那匹白馬其實就是想將白銀的事報給那戶人家知道，但那戶人家沒福分，沒有去挖白馬消失處，反而是給蓋魚寮的拿到了。

沒有福分。那匹白馬精怪簡直像白銀的化身，是引領他人尋寶去的。

## 消失的林投和馬蹄

傳說中被馬偷喝水的那戶人家，住在烏崁「靖海宮」附近。靖海宮附近的房子多半是平房，最高也就兩層樓，連圍牆都不怎麼高，不少圍牆是硓砧石砌成——硓砧石是珊瑚礁，因此仔細看圍牆，能看到珊瑚礁特有的坑洞。那畢竟是生物的屍骸，據說以前用硓砧石築牆，剛做好的幾天會奇臭無比。

某個農地種了幾棵木瓜。高挑又纖細的樹幹，碩大的葉子，頗有亞熱帶風情。

我們在靖海宮南方的村落街道中漫步，想找到那戶被白馬造訪的人家，但在缺乏線索的情況下，最後當然是徒勞無功。偶然間，我們聽見車庫裡傳來收音機的聲響，有些沙啞，附近幾戶人家都聽得見。不知為何，音樂出現的瞬間，我們的精神也放鬆了下來，或許那悠揚的聲音，也反映了鄉村的性格。

白馬是朝海的方向跑去。

牠消失的位置，差不多是現在烏崁漁港。從靖海宮出發，有條小路，兩旁都是以磚砌成的低矮圍牆，將水泥地與農地區分開來。經過五營中的南營——神明手下兵馬的軍事單位後——甚至連圍牆都沒有，野性從樹林間滿溢出來。

沒多久，就看到了海。

那裡過去就算有大量林投樹，現在也消失殆盡了。旁邊的樹林中，或許還有幾棵林投樹，也已經隱身於其他樹種間，無法成「林」。事實上，現在已經連故事中的魚寮都看不到了，這裡是現代化漁港，鋪滿平整、寬敞的水泥，走到面海的木造亭子裡，沙灘上躺滿消波塊，它們多半被海灘的沙所淹沒，只露出半個頭，遠遠看著，就像無數整齊的摩艾石像。

即使過去這裡埋了寶藏，也沒留下半點線索與痕跡。

## 當精怪向海而去

說起來，為何是白馬呢？

這是個很大的謎團。白馬尋寶的故事不只澎湖，在臺灣本島也廣為流傳。為何跟著白馬就能找到寶藏？那個寶藏到底是誰埋的？為何要埋在地底？這些謎團至今仍未解開。我聽過一種說法，白馬其實就是龍銀的化身，龍這種生物，在地上就是馬，龍銀是為了讓人知道自己在哪裡，才以「白馬」這種形態出現。

其實我對此說持保留態度，但既然聽過這種說法，便姑妄一提。

有趣的是，烏崁的這個白馬故事，彷彿還結合了另一種精怪故事：妖精作怪。哪裡作怪了？其實偷喝水就是一種作怪。在臺灣本島，更常見的版本是踐踏農田。農民不知道是誰破壞農地，就暗中監視，最後往往會發現是某種動物；這時如果追上去，或用某種方式跟蹤牠，便會發現動物的真面目其實是石像所化，石像吸收了日月精華，化成精怪來作怪。為了防止精怪繼續作怪，通常會破壞石像的一部分，譬如把石馬的腳給打斷。

這些石像是哪來的？多半有歷史緣由。譬如以前立碑，會將碑立在石製的「贔屭」上，贔屭是一種傳說生物，看起來就像石龜，因此有這種贔屭的地方，很容易出現前述的精怪傳說。至於石馬，有時是出現在墓道前，用來彰顯墓主身分的「石像生」，有時是看來像馬的怪石，如士林芝山岩的石馬。

古代人們的生活環境出現這樣類動物的石像或怪石，很容易就聯想到精怪；既然是精怪，就要有對付的方法，因此這類故事多半以破壞石像、怪石收尾。烏崁的傳說沒有這麼發展，或許是因為與白馬寶藏的傳說結合，讓白馬自然消失，不必破壞了吧？現在牠消失的林投樹林已不存在，就像縱身跳入海霧中，再也沒人能抓到牠。真是一匹幸運的白馬啊，我不禁這麼想。

# 龍門白墓碑——靈異景點的推理解謎

文．清翔

或許，打從一開始，這裡便沒有墓碑，更別說是白色的墓碑。但也有別的可能——在考察的過程中，夥伴曾提出疑問：故事中所提到的，真的是墓碑嗎？

《澎湖民間傳說故事》中，記載了這樣一個故事：龍門有一個「鳳山」，像是鳳凰展翅一樣。鳳山面海的那一邊，山下有一個白墓碑，這塊白墓碑有個傳說：那時附近的漁民出海抓小管和丁香，只要將船開到鳳山外海，對著觀音廟，以廟燈為基準下網，就會有好收穫。可是後來鳳山有一個地方會發出亮光，讓漁民誤判下網，於是每次漁網就會勾到珊瑚礁壞掉，沒有收穫。

大家覺得很奇怪，就在天亮的時候，去鳳山看怎麼回事，發現只有一塊白色墓碑。再出海捕魚，結果還是一樣。大家想，應該是白墓碑作祟，於是就殺了一條黑狗，用狗血淋在白墓碑上，從此白墓碑就不再發光，大家出海又有好收穫了。

故事就到這裡結束，但我的好奇心才剛被勾起。這會是誰的墓碑？墓碑的主人又是否和地方有什麼特殊的淵源，才會被認為是其墓碑作祟？還有，為什麼會說是墓碑作祟，而不是在作祟傳說中更常見的鬼魂呢？

為了得到解答，我和夥伴踏上了尋找龍門白墓碑的旅程。龍門村位在澎湖縣湖西鄉的東南盡頭，部分向外突出的土地正如鳳凰展翅的形狀。但是龍門的鳳山在哪裡呢？我沒有查到相關的資料，倒是往西過去，在林投村有座「龍山」，也被稱為「蓮花山」，或是「鳳凰山」。但那多半不是這則故事中所指的鳳山。

於是，我們先前往龍門村觀音宮，也就是我們認為是故事中「觀音廟」的地方。

## 發光墓碑的謎團

綠色的三層屋頂，下是鏤空的石製龍柱，順著階梯往上走，可進出的五個門皆被黃色珠簾遮擋，上面寫著「觀音佛祖」、「風調雨順」、「國泰民安」等紅色字樣。北方宮殿式的觀音宮，看起來出乎意料的壯麗，與照片中重建之前的閩南式單層木構建築，各有不同的美。

站在廟前向外看去，龍門漁港就在不遠處。想像一下，當漁船從港口離去，在海上對著廟燈下網時，會是在哪個位置呢？發光時會被誤以為是廟燈的地方，又會在哪裡呢？

我想最有可能的便是「山垵」（又稱為「山窪仔」）。其位置大概是現在被Google地圖標為「裡正角沙灘」之處，和觀音宮僅有走路約十七分鐘的距離，船隻出海之後，恐怕難以分辨是何處發出的亮光。而從地形圖看來，這裡正好從海拔二十公尺的最高處，驟降至海平面，若被視為是山腳下，也是理所當然。

另一個推測依據，則是這裡有座有應公廟。根據許玉河老師的考據，一九二四年底，龍門附近發生船難，兩具大體漂至山垵附近海岸，由龍門鄉人為之埋葬，後又於一九二五年春，建有應公廟，立「萬善公之神位」奉祀。

甘村吉《湖西鄉廟宇史》則記載，「船觸礁屍體漂流至今廟前海岸，善心人士就地埋葬，漁民到此海岸捕魚，候潮汐時於該墓前稍作休息，並向其許願，因靈驗而建廟，民國七十年代大家樂盛行，前來許願者更多」。

位置適合，又有墓葬，這次的考察好像可以結案——唯一的問題是，這裡並沒有白色的墓碑。有應公廟內祭祀的是萬善公的牌位。

或許是時過境遷，墓碑不見了；也或許，打從一開始，這裡便沒有墓碑，更別說是白色的墓碑。但也有別的可能——在考察的過程中，夥伴曾提出疑問：故事中所提到的，真的是墓碑嗎？

附近有座「日軍上陸紀念碑」，與有應公廟，不過走路兩分鐘的距離。一般會隨便對墓碑潑黑狗血嗎？會不會所謂的「白墓碑」，其實就是這座石碑，只是在口耳相傳之時，被誤傳成了是墓碑呢？

## 灑黑狗血的異想

一八九五年甲午戰爭末期，大清帝國與大日本帝國於馬關和談之際，日方向澎湖出兵，日軍於三月二十三日上午，在龍門裡正角海域發動攻擊，成功搶灘登陸。由此，日軍逐步推進，最終攻占了澎湖；而大清在馬關條約中，同意了將澎湖和臺灣割讓給日本。

一九二四年，為了紀念日軍登陸澎湖滿二十九週年，日軍在登陸的海邊高地，興建了第一座登陸紀念碑；同樣位在澎湖的另一座登陸紀念碑，則是於一九三六年，建在林投海岸附近，用以紀念一八九五年三月二十四日清晨，日軍由林投海灘登岸，並扼阻清軍救援行動的事蹟。不過，如今去到現場，已看不到紀念碑的原貌。

一九四五年十月二十五日，國民政府派人將石碑上刻的「明治二十八年混成枝隊上陸紀念碑」，改為「臺灣光復紀念碑」。後來，紀念碑不知何故，連同基座一併被拆，碑身被棄置在圍牆外，原址則興建了一間土地公祠。直到一九九八年，經過地方文史界的反映，湖西鄉公所才將石碑移置，樹立在原址左側；二〇〇四年，鄉公所將土地公祠拆除，並在原址仿造一塊原本的日軍登陸紀念碑，可惜整體比例和形式，仍與老照片留存下來的樣貌有些落差。

這塊灰白色的花崗岩石碑，代表了澎湖和臺灣所經歷過的兩場戰爭，代表了兩次的政權轉換。若思及這兩場戰爭中的死傷與時代下的犧牲，我想，就算稱之為墓碑，好像也不算錯。

而將「白石碑」淋上黑狗血一事——就算只是我的過度詮釋——或許便是對當權者的小小抗議，也說不定。

# 第四站——望安嶼

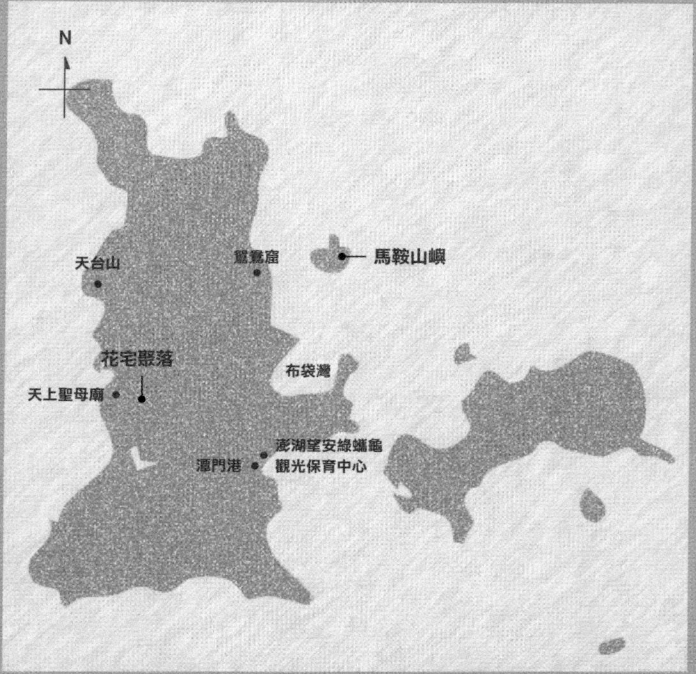
N
天台山
鴛鴦窟
馬鞍山嶼
花宅聚落
布袋灣
天上聖母廟
澎湖望安綠蠵龜
潭門港
觀光保育中心

以「綠蠵龜」聞名的望安，除了同名島嶼外，亦是十九個島嶼（其中僅六個島有長住居民）組成的行政區「望安鄉」。從觀光旅遊的視角，望安本島雖然值得一跳，卻不如連同七美、將軍澳嶼、東吉嶼、西吉嶼，或更遠的東嶼坪嶼、西嶼坪嶼……一網打盡，花個一天時間乘船輪番登島、稍作瀏覽，也就把澎湖南方群島蒐集齊了。

然而，這麼一來就太對不起這個全澎人口密度最低、怪談傳說數量最高的島嶼了。此次工作室採集到的兩則故事皆為當地人信手拈來，一個發生在著名的花宅聚落，一個則是被島民視為禁忌的馬鞍山嶼，足教人見識望安的「妖獸指數」。

修整完成的花宅聚落古厝，埕內設有水泥灶台，方便加工漁獲。

花宅聚落中荒廢的建築物殘構，不知神祕事
件的發生地，是否就在附近區域？

從鴛鴦窟的觀景台可以清楚看見望安周邊最大的無人島——馬鞍山嶼。

# 花宅聚落——來自空屋的報案電話

文・小拉

沿著花宅老宅與聚落的邊緣走一小段路，有一小塊露天的區域保留下石頭堆砌的牆體，然而這片區域已被雜草覆蓋，留下曾經精心整理，卻又不了了之的痕跡。

望安「花宅」此名會讓人誤以為：這個地區以種植花卉聞名，因而以「花」為名，但其實不然，花宅其實來自明清時期大規模的移民遷徙，根據記載，在清雍正初年，花宅已經發展成為相當規模的聚落。走進聚落巷弄，彷彿時光倒流，能從一幢又一幢的古厝，暢想當年聚落居民忙碌的身影。

我們造訪花宅的時間點，正值炎熱的夏日午後，經過整平的石磚道路非常整齊，似乎有人維護環境，主要街道並不髒亂，但各個住宅並沒有什麼居民活動，大門深鎖，多數的老房舍並沒有人居住。

花宅是望安比較知名的重要景點，街邊的註解告示，簡單說明花宅建築的特色與歷史，泛黃的文字看得出來告示牌的設置已有一段時間，揭示過去花宅觀光最熱門的時期。

傳統上，花宅聚落的經濟活動以農牧業、沿岸漁業與帆船運輸業為居民主要的生計方式。居民會將漁獲以小船運到花宅灣，再以人力將漁獲搬運到「魚灶」進行加工，利用魚灶蒸煮後，將處理過的魚曬乾裝箱後再轉售出去，為花宅傳統重要的經濟活動。

不過在人口老化、年輕人外移等多重因素的影響下，相關產業活動在一九七一年時都已經停擺，花宅聚落也逐漸冷落下來。一九八〇年代初期，澎湖望安與七美的觀光價值逐漸受到重視，花宅的聚落保存計劃也形成各界關注的焦點，地方興起文化古蹟保存的熱潮。

我們在花宅「天上聖母廟」斜對角的小特產店「如意居」，巧遇十分樂於分享在地詭異故事的繆芹馨老闆，身為花宅子弟的繆老闆，一聽到我們是前來採集鄉野傳說與鬼故事，二話不說，就數著大大小小的鬼故事分享起來，其中大多都是她本人或是親朋好友親身經驗。

繆老闆以神祕的口吻告訴我們：「其實，花宅這邊最近就有個鬼故事——」根據老闆的回憶，這件事就發生在約莫二〇二〇年左右。以下就從老闆的角度，重述這則詭異的故事。

「有人侵占土地！」

大約某個七月底的晚上，望安派出所接到報案電話，報案人氣憤地說，有人侵占土地。指揮中心詢問地點，那人說是在花宅ＸＸ號。

於是，派出所出動了一男一女兩位警察，在聚落中繞了幾圈，發現找不到報案的地址。那時我就在店面這邊，員警問我，花宅ＸＸ號在哪裡？

我想了想，就指著一個方向，大略地說就在那一個區塊。

兩位員警面面相覷，說那棟房子已經沒有人居住了。

我覺得奇怪，就問他們怎麼回事，員警說，他們接到電話報案，說有人侵占土地。派出所的總機上面會有座機的號碼，所以警察可以回撥，當時就請總機回撥，結果電話有通，總機就告訴警察說大概哪一區的，但就是找不到報案的人家，兩位員警怎麼看，那一間房子都是空屋，怎麼會有人打電話呢？

於是我們就請警察再過去看，我說，那個地址隔壁還有位阿婆住在那裡，是不是去問問看？

結果員警過去一問，阿婆就說這是我舅媽的房子，很早就沒有人居住，電話也停掉很久了，裡面還有沒有座機都不曉得，不太可能有人繳電話費。雙方百思不得其解，阿婆於是帶著警察到屋子裡查看，果然電話線是斷掉的。

因為報告電話明確有提到屋子的地址，後來大家討論，就說有可能是因為某所大學的學生來做調查，動土的時候沒有拜拜，告知地主一聲，才造成這起事件發生。

## 新與舊交界處的土地低語

我們詢問是怎麼回事，如意居老闆才補充說，因為花宅是重要聚落，有段時間很多學生會到這邊考察。之前曾經有過一所科技大學的學生，來花宅做社區調查，當時他們會去整理一些比較荒廢偏僻的土地，老人家說如果要動土地，需要進行一些告知的準備。但是學生們動了先前花宅這邊的墓仔埔預定地，他們動了土，卻沒有先拜拜，此舉讓祖先生氣了，才發生了這起詭異的事件。

我們繼續在聚落中遊走，悄悄推開一戶虛掩的古厝，這是一座已經整修完的古厝，四處十分乾淨。

比起一般三合院的老宅，花宅的古厝中間的空地明顯較狹小，在空地的左右各有修復後的水泥灶台。狹小的空間，能讓居民加工漁獲時更加便利，不需要走太遠的路就可以進行下一步的處理。陽光毫無保留的照射在空地上，光是站著，就感受到炙熱的氣息撲面而來，彷彿就能看見漁民大汗淋漓地站在魚灶前蒸煮的畫面，只是現在一切都已經隨著時間的長河而沉寂下來。

離開古宅，花宅的巷弄狹小，有些只容單人通行，轉上幾個彎，幾乎就要迷失方向，不知置身何處。有些整修中的古厝，工人進進出出，牆邊堆置著油漆桶與雜物，牆體也都因重新粉刷看起來十分新穎。

我們試著尋找繆老闆所說的「事發古厝」，但礙於沒有人指路，實在不知道誰才是「當事屋」。部分荒廢的老宅，內部樑木、磚瓦、盆栽傾倒，不只雜草叢生，還堆置著垃圾，豔陽照射下，屋舍內部透出的黑暗既深且重，我試著直視內部，卻什麼都沒能看清。

我們四下看了看，最終還是不了了之，沒有進入荒廢的區域探險。

一路向著海邊前行，離開聚落的範圍，眼前一亮，蔚藍的大海出現在眼前。

沿著花宅老宅與聚落的邊緣走一小段路，有一小塊露天的區域保留下石頭堆砌的牆體，然而這片區域已被雜草覆蓋，留下曾經精心整理，卻又不了了之的痕跡。

周邊都是荒地，這一帶卻平白出現整理過的區域，還有些看上去用於示範教學的設施，如意居老闆所說的被擅自動土、繼而引發神祕事件的土地，不知道是否就在我們找到的這片荒廢的區域？也許是因為沒有經費，也許是計劃結束，不論造成半途而廢的原因是什麼，都讓這片區域透著一股令人唏噓不已的寂寞。

當傳統文化與現代社會不斷碰撞，來自地方傳統的反抗，就成為滋生出這些鄉土靈異的養分。走過新穎的古宅與傳統文化的交界處，彷彿能夠聽見過往土地的低語，它們不甘寂寞，仍試圖訴說些什麼，這些近代的詭異故事也許不僅是個案，下次當你來到這裡，或許會發現——屬於花宅的故事還在持續著。

# 馬鞍山嶼——釣魚撞鬼實錄

文·小拉

沒想到，即使不放魚餌，大表哥的釣竿彷彿擁有無盡的吸引力，魚群們前仆後繼，不管幾竿下去，都是七條魚上來。

根據《望安鄉誌》記載，馬鞍山嶼名稱最早出現於《裨海遊記》，又名「馬鞍嶼」、「尾垵仔」。馬鞍山嶼以形似馬鞍為名，在八罩島（望安島舊稱）東北岸外，相距三百五十公尺，最高點二十二公尺，地表崎嶇，沒有耕地，但盛產紫菜。

馬鞍山嶼不是觀光景點，從望安漁港沿著道路一路往北騎，看到寫著「鴛鴦窟」標示的立牌，沿著馬路一路騎到觀景台邊，這裡設有數個停車格，可以將機車停在此處，但停車格是位在坡道上，若是不小心一點，很容易連人帶車一起摔倒。這裡的提醒來自筆者親身經歷，勸大家務必注意。

站在鴛鴦窟的觀景台邊，可以很清楚地看見馬鞍山嶼。

這是座地勢平坦、突出於海平面的小島，放眼望去，小島上綠草如茵，沒有林木遮蔭，地質以玄武岩層為主，肉眼可見柱狀玄武岩羅列，島上並沒有多少資源，不是一座適於人居的島嶼，也是望安島周邊最大的無人島。

在考察望安鄉實地異聞的過程中，我們採集到一則與馬鞍山嶼相關的故事，這則撞鬼實錄來自望安花宅如意居繆芹馨老闆，根據老闆的口述改寫而成。為了方便敘述，以下就以第一人稱呈現。

## 令人驚恐的大豐收

說起真實的撞鬼事情，有件事至今讓我印象深刻，你們知道，望安鄉東北方有座馬鞍山嶼嗎？這個故事是我的大表哥所說，至今仍永生難忘。

大表哥在外求學已久，那一年暑假，他回到望安，無所事事，想要找個地方釣魚，也不知道怎麼回事，他突發奇想，要去馬鞍山嶼釣魚。

他騎著機車抵達港口，就問漁民能不能載他去馬鞍山嶼。漁民問他，你要去馬鞍山嶼做什麼？大表哥回覆他，想要去釣魚。漁民不由得皺眉，他告訴大表哥，沒有人會在馬鞍山嶼釣魚。

但是大表哥非常堅持，無奈之下，漁民只好載著他去馬鞍山嶼。

抵達馬鞍山嶼後，漁民告訴大表哥，他還有事情要做，因此不會待在碼頭等他。雙方約好返程會合的時間，漁民就開著船離開了馬鞍山嶼。

馬鞍山嶼上一片寂靜，沿岸堆積著大大小小的漂流物。在這樣的環境裡，大表哥興高采烈，物色好適合釣魚的地方，將各項物品都一一設置妥當，便專心致志地投入釣魚之中。

才下竿，就發生了奇怪的事情。

大表哥每隻竿下去再上來，都是七條魚一同上鉤。

一開始，他還很高興，猜想是沒有人來釣魚，這邊的魚不知人類險惡，紛紛咬餌，今日肯定是大豐收。幾竿下來，大表哥的臉色逐漸變了，每一竿都是七條魚，哪有這麼巧合的事情？

他的動作慢了下來，幾經思量，他索性不放魚餌下竿，沒有魚餌，這些魚總不會咬餌吧？

沒想到，即使不放魚餌，大表哥的釣竿彷彿擁有無盡的吸引力，魚群們前仆後繼，不管幾竿下去，都是七條魚上來。

魚桶早就滿了。

他的臉色愈來愈難看，杳無人煙的環境變得陰森無比，直覺告訴他，這裡恐怕有什麼不對勁。大表哥心裡怕得不行，拿出手機，撥打電話給漁民，要求漁民趕快來載他，他不釣魚了。

電話那一頭，漁民皺眉，距離他們約好的時間還有許久，手頭的事情還沒處理完，他便回覆大表哥，請他再等一下，事情處理完就回去載他。

大表哥處在詭異的環境中，也不敢多說些什麼，只不斷對漁民強調，趕緊來接他回去。掛斷電話，當然是不敢繼續釣魚了，他把魚竿放在旁邊，收拾好東西，坐在小椅子上休息。

突然之間，他回過神來，發現身旁圍著一圈又一圈的老人，這些老人家面露憤怒，指責他道：「這個人不尊重我們，要讓他受到懲罰。」大表哥驚恐萬分，趕緊跪下磕頭道歉，說：「我是望安鄉某某家的人，不小心冒犯到長輩，請長輩原諒。」隨即就聽到一個人說，這個是我的孫子，囝仔人不懂事，來這邊釣魚。其他老人家便罵道，你不知道這些魚都是吃你祖先的骨肉嗎？

這些長者本來不打算放過他，但看在是望安人子孫的份上，沒有對他下更重的懲罰。

大表哥只是不斷磕頭道歉，也不知道多久之後，他的腳突然被非常大力地扯了一下，幾乎要將他從椅子拉下去，他倏地清醒過來，環顧四周，才發現原來自己睡著了。

他隨即向著大海磕頭，跪拜道歉，並把釣到的魚通通倒回大海中。等到返家之後，他大病一場。這件事，大表哥從二十九歲迄今，仍然記憶猶新。

## 存放暗黑歷史的禁忌之島

經過繆老闆的說明，我們才了解到這則撞鬼故事，反映一段望安早期的悲傷歷史。日治時期，望安島上曾經有許多痲瘋病人，繆老闆解釋，早期人們對痲瘋病不了解，認為痲瘋病是骯髒的疾病，具有高度傳染性，沒有明確的醫療手段，因此也被認為是不治之症。

根據紀錄，由於人們害怕受到痲瘋患者的感染，若發現有痲瘋病患者死亡，當地人為了避免死亡之後的病疫蔓延，會將死者入殮之後以小船，將棺木載運到馬鞍山嶼北岩塊西南方的「山坑壁」（當地人稱「港仔」），再合力將棺木扛到附近的「哈潭墓」，將棺木棄置於此而不埋入土中，村人隨即離開馬鞍山嶼。此後全村斷炊十日，防止病菌藉由炊煙傳播。這是過往人們面對不熟悉的疾病時，所採取的社會隔離措施。

「後來呢？」我問繆老闆。

「後來？後來痲瘋病就漸漸沒有了。」繆老闆告訴我們，這段歷史許多老望安人都很清楚，這也是為什麼馬鞍山嶼一般不會有人登島的原因。

「大家早年多多少少會有忌諱。」老闆邊招呼客人，邊說道，「但現在聽說有些釣客也會上島去海釣。」她話鋒一轉，哈哈笑著。

「嗄？那他們都不曉得以前的歷史嗎？」

「誰知道呢。」繆老闆笑了笑，不置可否。

時過境遷，立基於過去歷史而衍生的鬼故事，彷彿也隨著歷史的沉澱，而漸漸失去了鬼魅妖異的恐怖感。遠眺馬鞍山嶼，在秋日烈陽的照射下，顯得綠意盎然，風光明媚，著實看不出過去黑暗的一面。

若是你問我，在知道這段歷史之後，敢不敢成為前去海釣的勇者——

我只能說，我不敢，你呢？

# 參考資料與作者群介紹

## 書籍：


姜佩君，《澎湖民間傳說故事》，自行出版，二〇二〇

金榮華：《澎湖縣民間故事》，中國口傳文學學會，二〇〇〇

黃有興、高明宗，《澎湖的辟邪祈福塔：西瀛尋塔記》，澎湖縣立文化中心，一九九九

薛明卿，《澎湖搜奇》一九九六，澎湖縣立文化中心

伊能嘉矩，《臺灣踏查日記》，二〇二一，遠流出版

伊能嘉矩，《臺灣文化志》，二〇一七，大家出版

伊能嘉矩，《臺灣地名辭書》，二〇二一，大家出版

《臺灣地名辭書卷六：澎湖縣》，二〇〇二，國史館臺灣文獻館

《澎湖民間文學學術研討會論文選》，中國口傳文學學會，二〇〇一

《澎湖廳志》

《澎湖縣志》，澎湖縣政府

《望安鄉志》，澎湖縣政府、澎湖縣政府望安鄉公所，二〇一四

《湖西鄉志》，澎湖縣湖西鄉公所，二〇一〇

《七美鄉志》，澎湖縣七美鄉公所，二〇二三

《馬公市各里人文鄉土叢書》，澎湖縣馬公市公所，二〇〇六

《硓砧石》季刊，澎湖縣政府文化局


**網頁：**


澎湖知識服務平台：https://penghu.info/

澎湖文獻資料庫：https://phb.tw/

澎湖記憶數位資料庫與檢索系統：https://ens.phlib.nat.gov.tw/index.asp

澎湖島嶼生活記憶：http://phm.phlib.nat.gov.tw/

臺灣百年歷史地圖：https://gissrv4.sinica.edu.tw/gis/twhgis/

國家文化記憶庫：https://memory.culture.tw/

國家文化資產網：https://nchdb.boch.gov.tw/

# 臺北地方異聞工作室作者群介紹

## 羅傳樵（瀟湘神）

臺北地方異聞工作室共同創辦人，策展人，小說家，遊戲設計者。著有《臺北城裡妖魔跋扈》、《帝國大學赤雨騷亂》、《金魅殺人魔術》、《魔神仔：被牽走的巨人》、《廢線彼端的人造神明》、《殖民地之旅》、《東海岸十六夜》。與其他作者合作《華麗島軼聞：鍵》、《筷：怪談競演奇物語》、《台北大空襲小說集》、「說妖系列」等。妖怪研究方面，參與《唯妖論》、《尋妖誌》、《臺灣妖怪學就醬》。作品曾入圍臺灣文學金典獎、金鼎獎。

## 楊昀（清翔）

臺北地方異聞工作室共同創辦人，文字工作者，實境遊戲設計者，業餘桌遊設計者。職稱是專案企劃，但偶爾也做行政工作。以創作取材作為興趣廣泛的藉口，什麼都想嘗試看看。合著《說妖》系列小說、《唯妖論》、《尋妖誌》，共同設計《說妖》桌遊、《農民力》、《小封神藏寶圖》等各式遊戲。

## 高珮芸

英國萊斯特大學博物館學研究所碩士。北投人，工作室的酒鬼二號，關心地方文史保存議題，希望能透過有趣的故事翻動對地方的認識。曾參與實境遊戲設計、劇本撰寫，並規劃國立臺灣文學館「臺灣鬼怪文學展」、空總「妖怪學院」策展。《唯妖論》、《給孩子的臺灣妖怪故事》共同作者，籌劃《尋妖誌》出版。

## 林祉均（阿祉）

政治大學中文系畢業，臺北地方異聞工作室專案企劃。參與過的遊戲企劃有《艋舺走撞：無家者的尋家之路》、《醮事》、《農民力》、《小封神藏寶圖》、《訪客登記簿》。也是《尋妖誌》、《給孩子的臺灣妖怪故事》共同作者之一，撰寫過圖文小說《上岸》，共同企劃過「妖怪學院」策展。

## 許雅婷（青悠）

學生時候園藝與奇幻雙修，畢業後轉了個彎成為臺北地方異聞工作室成員，在妖怪中打滾的同時，偶爾充當真人植物圖鑑。參與《金魅殺人魔術（二〇一七）》、《歸鄉——惡魔潛伏之村》、《訪客登記簿》等遊戲企劃；《唯妖論》、《尋妖誌》、《給孩子的臺灣妖怪故事》等的共同作者之一，其餘文章散見各處。

## 謝蓓宜（小拉）

政治大學公共行政所碩士，現職為每天朝九晚五的悲苦社畜人。臺北地方異聞工作室創始元老之一，曾經也任職於環保團體，投身於社會公共倡議中，除了在環境保護的議題上打滾外，對於民俗文化、在地歷史記憶建構、文資保存等議題也很關心。作品包括：《唯妖論》、《尋妖誌》共同作者之一；《醮事》實境角色扮演遊戲策劃小組成員；《臺灣妖怪學就醬》主編。

**澎湖怪談妖獸多？！妖怪專家跳島採集旅行**

**作者、攝影**｜**臺北地方異聞工作室**
**封面設計**｜ Tsenglee
**內頁排版、圖像後製**｜**青春生技**
**主編**｜**歐佩佩**
**責任編輯**｜**鄒欣寧**
**協力編輯**｜**林容年**

**出版**｜**離島出版有限公司**
**總編輯**｜**何欣潔**
**地址**｜ 108 **台北市萬華區中華路一段** 170 **之** 2 **號** 1 **樓**
**網址**｜ offshoreislands.online
**電話**｜ (02) 2371-0300

**發行**｜**遠足文化事業股份有限公司（讀書共和國出版集團）**
**地址**｜ 231 **新北市新店區民權路** 108-2 **號** 9 **樓**
**電話**｜ (02) 2218-1417　**傳真**｜ (02) 2218-1142
**電子信箱**｜ service@bookrep.com.tw
**郵政帳號**｜ 19504465（**戶名：遠足文化事業股份有限公司**）
**客服電話**｜ 0800-221-029　**團體訂購**｜ (02)2218-1717 **分機** 1124
**網址**｜ www.bookrep.com.tw
**法律顧問**｜**華洋法律事務所／蘇文生律師**
**印製**｜**沐春行銷創意有限公司**
**初版一刷**｜ 2025 **年** 9 **月**

**定價**｜ 400 **元**
ISBN ｜ 978-626-99959-3-6
**書號**｜ 3KIL0002

國家圖書館出版品預行編目 (CIP) 資料

澎湖怪談妖獸多 ?! 妖怪專家跳島採集旅行／臺北地方異聞工作室著 . -- 初版 . -- 臺北市 : 離島出版有限公司出版 : 遠足文化事業股份有限公司發行 , 2025.09
224 面 ; 12.8×18.8 公分
ISBN 978-626-99959-3-6( 平裝 )

1.CST: 妖怪 2.CST: 傳說 3.CST: 民間故事 4.CST: 澎湖縣

298.6　114012215